KNAUR

Die Autoren:

Claus Fussek (60) ist Diplom-Sozialpädagoge, Pflege-Kritiker, Mitbegründer und Mitarbeiter des ambulanten Pflegedienstes »Vereinigung Integrationsförderung e. V.« Er beschäftigt sich seit über 30 Jahren u. a. mit Missständen in der Altenpflege und ist Autor zahlreicher Publikationen zum Thema. Zusammen mit Gottlob Schober ist er Autor des Spiegel-Bestsellers »Im Netz der Pflege-Mafia – wie mit menschenunwürdiger Pflege Geschäfte gemacht werden«. Fussek ist regelmäßiger und kompetenter Gast in allen wichtigen deutschen TV-Talkshows. Vom Thema ist er inzwischen selbst betroffen. Seine Mutter ist auf fremde Hilfe angewiesen. Fussek ist verheiratet, Vater zweier Söhne und lebt in München.
Gottlob Schober (46) ist Autor und stellv. Chef vom Dienst beim ARD-Politikmagazin *Report Mainz*. Der SWR-Pflegeexperte beschäftigt sich seit mehr als zehn Jahren mit dem Thema Altenpflege. Als Journalist gibt er bedürftigen Menschen, für die sich offensichtlich niemand mehr interessiert, eine Stimme und ein Gesicht. Neben vielen Magazinbeiträgen und Dokumentarfilmen ist auch er ständiger Gast in diversen Talkshows im deutschen Fernsehen zum Thema Altenpflege. Schober ist verheiratet und lebt in Wiesbaden.

Claus Fussek
Gottlob Schober

Es ist genug!

Auch alte Menschen haben Rechte

Deutschlands bekannteste
Pflegekritiker klagen an

KNAUR

Besuchen Sie uns im Internet:
www.knaur.de

FSC
www.fsc.org
MIX
Papier aus verantwortungsvollen Quellen
FSC® C083411

Umschlaggestaltung: ZERO Werbeagentur, München
Illustrationen: Thomas Plaßmann, Essen
Autorenfotos: © Marcus Schlaf / © Fotostudio Besier, Wiesbaden
Satz: Adobe InDesign im Verlag
Druck und Bindung: CPI – Clausen & Bosse, Leck
Printed in Germany
ISBN 978-3-426-78644-4

5 4 3 2

Inhalt

Einführung

Der alte Großvater und der Enkel

Es war einmal ein steinalter Mann, dem waren die Augen trüb geworden, die Ohren taub, und die Knie zitterten ihm. Wenn er nun bei Tische saß und den Löffel kaum halten konnte, schüttete er Suppe auf das Tischtuch, und es floss ihm auch etwas wieder aus dem Mund. Sein Sohn und dessen Frau ekelten sich davor, und deswegen musste sich der alte Großvater endlich hinter den Ofen in die Ecke setzen, und sie gaben ihm sein Essen in ein irdenes Schüsselchen und noch dazu nicht einmal satt; da sah er betrübt nach dem Tisch, und die Augen wurden ihm nass. Einmal auch konnten seine zitterigen Hände das Schüsselchen nicht festhalten, es fiel zur Erde und zerbrach. Die junge Frau schalt, er sagte aber nichts und seufzte nur. Da kauften sie ihm ein hölzernes Schüsselchen für ein paar Heller, daraus musste er nun essen. Wie sie da so sitzen, so trägt der kleine Enkel von vier Jahren auf der Erde kleine Brettlein zusammen. ›Was machst du da?‹, fragte der Vater. ›Ich mache ein Tröglein‹, antwortete das Kind, ›daraus sollen Vater und Mutter essen, wenn ich groß bin.‹ Da sahen sich Mann und Frau eine Weile an, fingen endlich an zu weinen, holten alsofort den alten Großvater an den Tisch und ließen ihn von nun an immer mit essen, sagten auch nichts, wenn er ein wenig verschüttete.

Jacob Grimm (1785–1863) und Wilhelm Grimm (1786–1859)

Schon zu Zeiten der Gebrüder Grimm hatten es die alten Menschen nicht leicht, wie das Märchen vom alten Großvater und seinem Enkel zeigt. Bis heute hat sich daran kaum etwas geändert. Verantwortlich für die Versorgung der Bedürftigen waren damals ausschließlich die Angehörigen. Auch wenn es heute professionelle Pflegekräfte und Heime gibt: Verantwortung, dass es den pflegebedürftigen Menschen gutgeht, tragen Angehörige immer noch. Wenn die »Alten« heute im Heim sprichwörtlich mit einem Holzschüsselchen ins Eck gesetzt werden, müssen sie dafür sorgen, dass ihre Eltern und Großeltern wieder an den Tisch kommen. Wenn Pflegekräfte überfordert und überlastet sind, dürfen Angehörige das nicht dulden, sondern sie müssen sich bei der Heimleitung beschweren. Angehörige tragen für hilfebedürftige Menschen auch dann Verantwortung, wenn Pflegekräfte ihrer Arbeit nicht im Sinne der Bewohner nachkommen (können) und vor dem vielfach menschenverachtenden Pflegesystem am liebsten davonlaufen möchten. Angehörige müssen ganz genau hinsehen. Das sind sie ihren Eltern und Großeltern schuldig.

Es kann doch nicht sein, dass Bewohner in einem Pflegeheim morgens auf den Toilettenstuhl gesetzt und aufgefordert werden, Urin und Stuhl auszuscheiden, gleichzeitig aber frühstücken sollen. Was hat das noch mit Menschenwürde zu tun? Warum werden Hilfebedürftige im Minutentakt versorgt? Warum gelten einfühlsame Gespräche als nicht finanzierbar? Warum zwingt das System Pflegekräfte, mehr Leistungen zu dokumentieren, als sie tatsächlich erbracht haben? Warum akzeptieren Politik und Gesellschaft den systematischen Betrug an pflegebedürftigen Menschen? Die Geschichte der Gebrüder Grimm ist heute so aktuell wie damals.

Uns liegen mittlerweile rund 50 000 Briefe, E-Mails und telefonische Beschwerden von Angehörigen, Pflegekräften und anderen Beteiligten aus der Pflegebranche vor. Wenn man sie alle liest oder den Menschen einfach nur zuhört, bekommt man einen erschütternden Eindruck von einer »Pflegeindustrie«, in deren Fänge über kurz oder lang jeder von uns kommen kann. Die Qualität der Pflege hat sich seit den Brüdern Grimm kaum verändert und wenn überhaupt, dann zum Schlechten hin. Denn: Alte Menschen dürfen heute häufig nicht einmal mehr aus dem Schüsselchen essen. Man ernährt sie über Magensonden und Infusionen und nimmt ihnen so auch das letzte Stück Würde, nur weil man sich damit die Pflege erleichtert. Das macht betroffen, und deshalb heißt unsere Forderung: »Es ist genug! Auch alte Menschen haben Rechte.«

Bitte versetzen Sie sich einmal in die Situation behinderter, hilfebedürftiger, kranker, sterbender, besonders schutzbedürftiger alter Menschen und denken Sie daran, dass uns das Thema »Altenpflege« früher oder später alle betrifft. Wollen Sie irgendwann einmal in einem Pflegeheim untergebracht werden? Wollen Sie dauerhaft mit wildfremden Menschen ein Doppel- oder Mehrbettzimmer teilen? Wollen Sie in ein paar schnellen Minuten gepflegt und »abgefertigt« werden? Was glauben Sie, wie Sie sich fühlen, wenn Sie eine Pflegekraft im Akkord wäscht, kämmt und Sie dabei vor lauter Stress nur noch im Kasernenton anbrüllt, anstatt mit Ihnen ein paar freundliche Worte zu wechseln? Wie würden Sie reagieren, wenn Ihre Pflegekraft nicht einmal Deutsch spricht? Wie wäre das, wenn ein Pfleger Ihnen keine Zeit zum Verrichten Ihrer Notdurft lässt, weil er zum nächsten Patienten muss? Wenn er Ihnen dann Windeln verpasst, weil er keine Zeit hat, Sie zur Toilette zu begleiten? Sie wollen das alles nicht!

Wir, die Autoren, wollen so auch nicht versorgt werden. Natürlich nicht. Niemand will menschenunwürdig leben. Wir hören immer wieder bei Vorträgen und Diskussionen, die Menschenrechte seien doch in unserer Gesellschaft verwirklicht. Im Grundgesetz steht als oberstes Prinzip: Die Würde des Menschen ist unantastbar. Sie zu achten und zu schützen ist Verpflichtung aller staatlichen Gewalt. Dass in der Praxis aber die Würde vielfach eine Frage des Alters und der Fitness ist, zeigen die vielen von uns recherchierten Beispiele hilfebedürftiger alter Menschen. Sie müssen tagtäglich Demütigung, Erniedrigung und Entwürdigung erleben. Und das seit Jahren! Solche Pflege ist Folter!

Unzählige Berichte über Gewalt und Folter liegen uns aus allen Bundesländern in Deutschland vor, flächendeckend. Aber: Es ist nicht überall so. Nicht in jedem Heim und nicht bei jedem ambulanten Pflegedienst und nicht in jedem privaten Haushalt, in dem alte, pflegebedürftige Menschen leben. Selbstverständlich, und das betonen wir immer wieder, gibt es auch sehr gut geführte Einrichtungen mit hochmotivierten Mitarbeitern. Wir fragen uns aber, warum es so große Qualitätsunterschiede gibt. Gute wie schlechte Einrichtungen arbeiten unter denselben Rahmenbedingungen. Der Unterschied ist nur: Die einen schaffen es, die Menschen gut und würdig zu versorgen, andere greifen zu problematischen »pflegeerleichternden« Maßnahmen.

Wir wollen, dass alle pflegebedürftigen Menschen würdig versorgt werden, und fordern dazu auf, die Positivbeispiele zu »plagiieren«: d. h. zum Nutzen der Bedürftigen alle guten Ideen zu »klauen«. Plagiatoren werden hier nicht wie bei erschwindelten Doktortiteln bestraft, sondern wir und sicher auch alle »Hilfebedürftigen« würden ihnen am liebsten einen Orden verleihen.

2008 haben wir das Buch »Im Netz der Pflegemafia« geschrieben. Wir haben recherchiert und schlimme Missstände angeprangert: Alte und pflegebedürftige Menschen werden gefesselt, obwohl sie noch gehen können. Sie werden mit Psychopharmaka ruhiggestellt, obwohl sie es gar nicht müssten. Sie werden mit Magensonden ernährt, obwohl sie, mit etwas Zeit, noch selbst essen könnten. Sie werden eingesperrt, obwohl sie gerne täglich an die frische Luft möchten. Ihnen werden Windeln verpasst, obwohl sie noch selbst zur Toilette gehen könnten. Wir haben Menschenrechtsverletzungen gegenüber pflegebedürftigen Menschen aufgedeckt und eine Branche entlarvt, in der viele Akteure gerade an der schlechten Pflege viel Geld verdienen. Alte Menschen werden immer noch in vielen deutschen Pflegeheimen und sogar auch in den eigenen vier Wänden misshandelt und gefoltert. Mit dem Buch damals wollten wir, indem wir viele Missstände anprangerten, die Situation alter und pflegebedürftiger Menschen grundlegend und nachhaltig verbessern.

Heute müssen wir uns eingestehen, dass sich nichts geändert hat. Die Pflegemafia gibt es immer noch, ihre Strukturen leider auch. Die Situation vieler pflegebedürftiger Menschen ist immer noch unerträglich! Niemand will das wahre Ausmaß der Pflegekatastrophe zur Kenntnis nehmen. Es ist wie bei den drei Affen: nichts hören, nichts sehen und nichts sagen.

Vertreter der Pflegebranche leugnen, relativieren, ignorieren und bagatellisieren die wahre Situation emotionslos und in unverantwortlicher Weise. Aber sie verdienen sehr gut daran, dass alles so bleibt, wie es ist. Zwischen vielen Heimbetreibern, MDK (Medizinischer Dienst der Krankenversicherung), Heimaufsicht, Ärzten, Politik und Kostenträgern hat sich ein wechselseitiges Abhängigkeitsverhältnis entwickelt. Die Politik mischt maßgeblich bei den Wohlfahrtsverbänden und Heimaufsichten mit. Mitarbeiter vieler Heimaufsichten haben exzellente Kontakte zu den von ihnen kontrollierten Einrichtungen. Viele MDK-Mitarbeiter waren selbst einmal Pflegekräfte. Jetzt kontrollieren diejenigen, die früher selbst in Pflegeheimen gezwungen wurden, Dokumentationen zu fälschen, Pflegedokumentationen ihrer Kolleginnen und Kollegen, von denen sie wissen, dass die dokumentierten Leistungen gar nicht erbracht worden sein können. Ist das nicht ein perverses System? Der Kabarettist Dieter Hildebrandt formuliert es so: »Wer überall die Finger drin hat, der kann keine Faust mehr ballen!«

Wie schon erwähnt: Täglich erreichen uns Schreiben von Angehörigen, aber auch von Pflegekräften, Ärzten und anderen Beteiligten der Pflegebranche, die von Missständen und Misshandlungen hilfsbedürftiger Menschen berichten. Fast immer hören wir: Bitte nennen Sie meinen Namen nicht! Es herrscht eine unheimliche Allianz des Schweigens, die Omertà funktioniert wie in Sizilien bei der Mafia! Viele scheuen davor zurück, sich zu beschweren. Wir fordern dennoch alle Angehörigen und Pflegekräfte zur Zivilcourage auf. Denn Änderungen im System kann es nur geben, wenn viele auf die Barrikaden gehen. Dass ein organisierter Protest überfällig ist, zeigen die folgenden Beispiele von gravierenden Missständen in der Pflege, die für ein ganzes System stehen und beliebig erweitert werden könnten.

Im November 2012 erreichte uns auch dieser verzweifelte Hilferuf einer Pflegekraft mit typischen Erlebnissen und Erfahrungen:

»Drei Bewohnern gleichzeitig, in abwechselnder Reihenfolge, das Essen zu Mittag anreichen.

Durch ständigen Personalmangel werden oft Pflegetätigkeiten nicht vollständig getätigt, aber in der Dokumentation abgezeichnet.

Von der Wohnbereichsleitung genötigt, vermehrt über den Bewohner zu berichten (›Märchenstunde‹) für eine Höherstufung beim MDK!

Wenn Personalmangel, dann bleiben Bewohner im Bett oder werden vor dem Abendessen ins Bett gebracht! Eine zugeklappte Stulle tut es dann auch!
Habe entsetzt miterlebt, wie eine über Wochen überforderte examinierte Pflegekraft einen Bewohner auf die Stirn schlug, weil dieser eingekotet war.«

Allein in diesem Fall haben wir es nicht nur mit moralischem Fehlverhalten zu tun. Streng genommen müsste der Staatsanwalt wegen Betrug und Körperverletzung tätig werden. Und auch der folgende Brief einer Angehörigen steht für viele Schreiben, die uns erreichen.

»Die Pflegedienstleitung betreibt bewusst und unverantwortlich gefährliche Pflege, durch Einstellung von Personal, das der deutschen Sprache nicht mächtig ist. Die Bewohner werden nicht ordnungsgemäß versorgt. Es hapert schon gewaltig an der Grundpflege (bei meiner Mutter mache ich es fast immer selber). ... Meine Mutter hat noch mich, die sich um alles fachgerecht kümmert. Wie sind dann die Bewohner dran, die keinen Angehörigen haben, der sich in diesem Chaos auskennt und die Menschen so wie ich zwei- bis dreimal die Woche besucht. Oft kommt es vor, dass meine Mutter gar nicht versorgt wird und noch am Nachmittag im Nachthemd auf dem Gang herumgeistert. (...) Trotz der horrenden Heimkosten muss ich jedes Mal frisches Obst, Gemüse, Salat (ich mache mit der Mutter zusammen als Beschäftigungstherapie Salate), Süßigkeiten, verschiedene Säfte usw. mitbringen. Im Pflegeheim bekom-

men die Bewohner nur grüne, unreife Äpfel, Kiwis oder Birnen und als Getränke abgestandenes Wasser mit Farb- oder Süßstoff.
Früher wurden zweimal im Jahr Abende für Angehörige organisiert. Da war alles auf dem Tisch: belegte Kanapees vom Feinsten, Sekt und delikate Säfte. Die Bewohner haben jedoch an den Folgetagen Eintöpfe serviert bekommen. Daraufhin habe ich wütend protestiert. Seitdem gibt es keine Angehörigenabende mehr. Wenigstens etwas ist mir gelungen, für die Bewohner zu erkämpfen. (...) Ich habe riesige Angst, alt zu werden! Denn ich habe niemanden, der sich im Alter für mich einsetzen kann.«

Aus solchen Briefen gewinnt man den Eindruck, dass sich viele Einrichtungen mehr um das Wohl der Angehörigen kümmern als um das derjenigen, die sie eigentlich zu versorgen hätten. Geht es womöglich darum, lästige Kritiker bei Prickelndem und Schnittchen mundtot zu machen, damit die auch sagen: Ach so schlimm ist es doch gar nicht? Die Gebrechlichen und Dementen jedenfalls können sich nicht mehr wehren.
Viele Menschen haben Angst vor Pflegebedürftigkeit, weil sie dann Dritten hilflos ausgeliefert sind. Wer als Pflegebedürftiger engagierte Angehörige hat und im Verlauf seines Lebens ein intaktes Familienverhältnis gepflegt hatte, der hat gute Chancen, dass es ihm, wenn er einmal hilfebedürftig ist, verhältnismäßig gutgeht. Pflegebedürftige, die keine Kinder haben oder deren Kinder aus irgendwelchen Gründen zu geldgierigen Erben mutiert sind, die nur noch auf den

Tod ihrer Eltern warten, haben Pech gehabt. Ihnen wird es, wenn sie einmal abhängig sind, wahrscheinlich weniger gutgehen. Warum ist das so? Pflegekräfte reagieren auf den Druck von Angehörigen und versuchen dort, wo es ihn gibt, Missstände abzustellen. Das kostet sie aber so viel Zeit, dass für die anderen, die alleingelassen sind, keine Zeit mehr bleibt.

Die ganze Branche weiß über die oben angeführten Misshandlungen und Missstände in der Altenpflege Bescheid: Angehörige, Pflegekräfte, Heimleiter, Besucher, Ehrenamtliche, gesetzliche Betreuer, Ärzte, Seelsorger, Apotheker, Therapeuten, Reinigungskräfte, Hausmeister, Köche, Hospiz-Mitarbeiter, Rettungssanitäter, Notärzte, Mitarbeiter in den umliegenden Krankenhäusern, Sozialdienste, Medizinischer Dienst, Heimaufsicht, Kostenträger, Altenpflegeschulen, Betriebsräte, Gewerkschaften, Berufsverbände, Berufsgenossenschaft, Lokaljournalisten, Polizei, Staatsanwälte, Bürgermeister, Gemeinderäte, Kommunal- und Landespolitiker, Vormundschaftsgerichte und Bestatter. Sie machen aber auch mit, schweigen, und viele verdienen im kranken System der Altenpflege viel Geld. Darum sagen wir: »Es ist genug! Auch alte Menschen haben Rechte.«

Dabei müsste es doch eigentlich selbstverständlich sein, dass zur Lösung dieser Problematik alle Beteiligten an einem Strang ziehen. Da kann es doch keine »zwei Meinungen« geben, dachten wir. Bei unseren langjährigen Recherchen haben wir tatsächlich auch niemanden kennengelernt, der für schlechte oder gar gegen menschenwürdige Pflege wäre. Nicht die Kran-

kenkassen, nicht die Pflegekassen, nicht die Heimträger, nicht der Medizinische Dienst der Krankenversicherung, nicht die Gewerkschaften, nicht die Politik und nicht einmal die Arbeitgeber in der Pflege. Es gibt auch niemanden, der etwas gegen bessere Bezahlung und bessere Arbeitsbedingungen hätte. Dennoch werden viele Mitarbeiter in der Altenhilfe ausgebeutet, jeden Tag. Das macht sie krank. Ein fataler Kreislauf, den wir seit Jahren beobachten und kritisieren. Und am Ende dieser Kette stehen dic pflegebedürftigen alten Menschen, deren schlimmes Schicksal ignoriert wird und für deren Rechte sich niemand einsetzt. Deshalb: »Es ist genug! Auch alte Menschen haben Rechte.«

Haben die Verantwortlichen vor Ort denn über die vielen Jahre hinweg nie etwas bemerkt, nichts gesehen? Wollten oder durften sie nichts sehen? Vor wem muss man Angst haben, wenn man über dieses Thema spricht? In Presse, Funk, Fernsehen und im Internet werden seit vielen Jahren die Missstände in der häuslichen und stationären Altenpflege thematisiert. Die Probleme und Ursachen müssten eigentlich inzwischen jedem in allen Facetten bekannt sein. Und wer den Berichten und Erzählungen nicht glauben will, kann sich vor Ort von den Lebens- und Arbeitsbedingungen in unseren Pflegeheimen selbst ein Bild machen.

Die meisten wollen es aber offensichtlich gar nicht so genau wissen. Themen wie »Behinderung, Alter, Pflegebedürftigkeit« werden nach wie vor kollektiv verdrängt. Was der Mensch nicht sehen will, nimmt er nicht zur Kenntnis! Leider nimmt auch die öffentliche Wirkung der Medienberichte über nicht zu verantwortende Lebens- und Arbeitsbedingungen ab. Fernsehzuschauer haben sich offenbar an die Bilder von gequälten alten Menschen gewöhnt. Der Pflegenotstand, so scheint es, ist in den Wohnzimmern der Gesellschaft angekommen. Otto Normalbürger reagiert nur noch gelangweilt. Der Anblick von gefesselten alten Menschen stört nicht mal beim Abendessen. Auch Pflegebedürftige, die mit Psychopharmaka ruhiggestellt werden, führen zu keiner Empörung vor der Mattscheibe mehr. Wohin sind wir gekommen, wenn die Gesellschaft das Schicksal alter und pflegebedürftiger Menschen völlig kaltlässt? Die Meinung ist oft, dass die »Alten« ihr Leben eh schon gelebt hätten. Dem Argument begegnet man, wenn Menschen beim »Wegschauen« ertappt werden. Man hat das Leid der alten Menschen offensichtlich viel zu oft gesehen, zappt weg. Die Bevölkerung ist abgestumpft, womöglich weil die Politik mit ihren sinnlosen Alibi-Pflegereformen immer wieder durchblicken lässt, dass die drohende Humankatastrophe kaum noch abwendbar ist. Die Menschenrechtsorganisation »Amnesty International« betont zu Recht immer wieder: »Wer schweigt, wird mitschuldig«, das heißt im Klartext, dass diejenigen, die schweigen, mitmachen. Wir wollen nicht schweigen und geben in diesem Buch alten, wehrlosen, sterbenden und besonders schutzbedürftigen Menschen eine Stimme. Hier sind wir besonders einseitig, parteiisch, kompromisslos und emotional.

Andere sind das leider nicht. Die Empörung der meisten Heimträger über Kritik ist sehr groß. Sie regen sich nicht über die gravierenden und beschämenden Missstände in ihren Einrichtungen auf, sondern über die Berichterstattung in den Medien, über die angebliche »Skandalisierung« der gesamten Pflegebranche. Die Rede ist immer wieder von »verantwortungsloser Stimmungsmache« und davon, dass es sich doch »nur« um »bedauerliche Einzelfälle« und »ein paar wenige schwarze Schafe« handele. Das Bayerische Rote Kreuz (BRK) musste im Oktober 2012 in einer Pressemitteilung den Offenbarungseid leisten. Man müsse sich »vor pauschalen Beschuldigungen durch Medien wehren«, sagte der Landesgeschäftsführer des BRK, Leonhard Stärk, »zum Schutz unserer Mitarbeiterinnen und Mitarbeiter und zum Schutz der Bewohner«. Wie absurd diese Argumentation ist, zeigt sich wenige Zeilen später in genau derselben

Pressemitteilung. Dort sagt das Bayerische Rote Kreuz: »Pflege von zunehmend älteren, dementen und in vielfältiger Form kranker Menschen wird für unser Personal fast nicht mehr leistbar. Knappe Personalschlüssel, Kostendruck seitens der Kostenträger … erschweren eine hochwertige Pflege und Betreuung, das führt auch unweigerlich zu Fehlern bei oftmals überlastetem Personal. Das ist uns bewusst.« Was stimmt denn nun? Das Bayerische Rote Kreuz räumt damit faktisch systematische Mängel im Pflegesystem ein, die zu gravierenden Defiziten führen können. Aber darüber kritisch berichten sollen die Medien nicht, weil dadurch die »gesamte Pflegebranche« am Pranger stünde. Wenn das kein Widerspruch ist. Im Fußball nennt man das ein Eigentor.

Immerhin gibt es auch positive Aspekte. Über kritische Berichterstattung regen sich wenigstens noch die Heimträger auf, während, wie schon gesagt, ein großer Teil der Gesellschaft die Berichte weitgehend teilnahmslos zur Kenntnis nimmt. Besser allerdings wäre, wenn sich das Bayerische Rote Kreuz mit derselben Vehemenz, wie es gegen eine kritische Berichterstattung kämpft, für bessere Pflege in ihren Häusern und das Wohl pflegebedürftiger Menschen einsetzen würde. Und auch ein wenig mehr Selbstkritik könnte nicht schaden.

Dass auch die Kirchen zu diesen massiven Verletzungen der Grund- und Menschenrechte vielfach immer noch schweigen, ist ein Skandal. Sie sind einer der größten Arbeitgeber in der Pflege und zu Nächstenliebe und Barmherzigkeit verpflichtet, weil das ihr eigener Anspruch ist. Uns empört immer wieder, dass sich viele der Beschwerden, die bei uns eingehen, auf Einrichtungen kirchlicher Träger beziehen. Doch von ihnen hört man so gut wie kein Zeichen des Bedauerns, kaum Mitgefühl, keine Entschuldigung. Niemand schämt sich! Das Schicksal behinderter, pflegebedürftiger, alter, wehrloser Menschen beunruhigt wenige – man braucht sie offensichtlich nicht mehr! Und viele Menschen reagieren nur, wenn jemand in ihrer Familie betroffen ist!

Die Politik

Die Rolle der Politik in den vergangenen Jahren ist ganz einfach zu beschreiben. Nachwuchspolitiker wie Philipp Rösler (FDP), Daniel Bahr (FDP) und Kristina Schröder (CDU) haben unserer Wahrnehmung nach versucht, sich die Pflegeproblematik in einem Crashkurs anzueignen. Danach wurde das Jahr 2011 zum Jahr der Pflege erklärt:
»Gesundheitsminister plant große Pflegereform«, titelte zum Beispiel *Spiegel-online,* oder »Philipp Rösler will weg von der Minutenpflege«, verkündete *Welt online.* Mit mehreren »Pflegedialogen«, zu denen er Verbände, Experten und Interessengruppen ins Ministerium einlud, startete der damalige Gesundheitsminister Rösler in das sogenannte Pflegejahr. Ernüchterung, dass dem Reden keine Taten folgten, machte sich schnell unter den Akteuren breit. Rösler wechselte ins Wirtschaftsministerium. Daniel Bahr, der neue

Minister, kam, die Probleme blieben. Auch verschob sich die Vorlage von Eckpunkten für ein Gesetz immer wieder. Als dann endlich ein erster Gesetzentwurf das Licht der Welt erblickte, kritisierte ihn die Opposition als »Pflegereförmchen«. Für Demenzpatienten soll es eine Milliarde Euro mehr geben, für eine freiwillige Zusatzversicherung steuerliche Vergünstigungen. Damit war der Begriff »Pflege-Bahr« geboren.

Diesen Pflege-Bahr halten wir für so unbedeutend, dass wir ihn gar nicht kommentieren wollen. Was aber bleibt: In der Pflegestufe 0 zum Beispiel bekommen Menschen mit eingeschränkter Alltagskompetenz, also Demenz oder geistiger Behinderung, seit 1. Januar 2013 120 Euro Pflegegeld im Monat. Das ist peinlich und beschämend. Für dieses Bonsai-Ergebnis hat die Regierung ein »Jahr der Pflege« gebraucht: als Tiger gesprungen und als Bettvorleger gelandet! Uns tun hier die vielen überlasteten Angehörigen leid, die die würdelose Debatte im Fernsehen ansehen mussten. Eine Pflegereform, die, grob überschlagen, für jeden Demenzpatienten pro Tag eine zusätzliche Leistung von 4 Euro bringt. Das reicht für einen Cappuccino. Für Angehörige, die 24 Stunden am Tag, 30 Tage im Monat und 365 Tage im Jahr für ihre Angehörigen rund um die Uhr da sind, eine glatte Verhöhnung. Der Betrag zeigt die Wertschätzung, den ihnen die Politik entgegenbringt. Von Daniel Bahr hätten wir erwartet, dass er zugibt, dass mehr einfach nicht drin war. Ehrlich wäre gewesen, wenn er den Angehörigen gesagt hätte, dass sie keine Lobby haben, dass er insgeheim sogar froh war, dass sie gar keine Zeit haben, auf die Straße zu gehen, um zu demonstrieren. Angehörige fühlen sich von der Politik zu Recht im Stich gelassen und mit Parolen, wie »das ist doch besser als nichts«, abgespeist. Leider blieb auch hier die große Empörung aus. Für »Rettungsschirme« oder die Unterstützung der energieintensiven Industrie fließen Milliarden, aber für die Pflege ist kein Geld da. Zugegeben, dieser Vergleich ist polemisch. Aber angesichts der sich immer weiter zuspitzenden Lage in der Pflege halten wir ihn für gerechtfertigt.

Und auch die vieldebattierten Ideen von Familienministerin Kristina Schröder (CDU) sind, um es wohlwollend zu formulieren, wenig erfolgreich. Sie trieb ein Gesetz zur Vereinbarkeit von Beruf und Pflege voran. Um ihre Angehörigen zu Hause pflegen zu können, sollen Arbeitnehmer für zwei Jahre ihre Arbeitszeit verringern können. Das Gesetz passierte den Bundestag Ende Oktober 2011. Ein Jahr später, Ende 2012, berichtete *Die Zeit:* »Die Pflege-Auszeit – (…) nicht mal 200 Beschäftigte haben sie genutzt. Kritiker sprechen von einem überflüssigen Gesetz der Ministerin Schröder«. Eigentlich war das zu erwarten. Denn die Familienpflegezeit hat einen entscheidenden Konstruktionsfehler. Auf sie gibt es keinen Rechtsanspruch. Deshalb musste sie scheitern.

Jeder Mensch hat einen uneingeschränkten Anspruch auf Respektierung seiner Würde und Einzigartigkeit. Auf dem Papier haben Menschen, die Hilfe und Pflege benötigen, die gleichen Rechte wie alle anderen Menschen und dürfen in ihrer besonderen Lebenssituation nicht benachteiligt werden. Das alles ist in der »Charta der Rechte hilfe- und pflegebedürftiger Menschen« (Pflege-Charta) geregelt, die vom Bundesministerium für Familie, Senioren, Frauen und Jugend und vom Bundesministerium für Gesundheit herausgegeben wurde. 2005 verabschiedet, ist sie seither in viele Gesetze und Regelungen eingeflossen. Sie hat nur einen Haken, der sie nahezu unbrauchbar macht. Sie ist nicht verpflichtend. Auf Seite 6 heißt es:

»Zugleich ***soll*** *die Charta Leitlinie für Menschen und Institutionen sein, die Verantwortung in Pflege, Betreuung und Behandlung übernehmen. Sie* ***appelliert*** *an Pflegende, Ärztinnen, Ärzte und alle Personen, die sich von Berufs wegen oder als sozial Engagierte für das Wohl pflege- und hilfebedürftiger Menschen einsetzen. Dazu gehören auch Betreiber von ambulanten Diensten, stationären und teilstationären Einrichtungen sowie Verantwortliche in Kommunen, Kranken- und Pflegekassen, privaten Versicherungsunternehmen, Wohlfahrtsverbänden und anderen Organisationen im Gesundheits- und Sozialwesen. Sie alle* ***sollen*** *ihr Handeln an der Charta ausrichten. Ebenso* ***sind*** *die politischen Instanzen auf allen Ebenen sowie die Leistungs-*

träger ***aufgerufen,*** *die notwendigen Rahmenbedingungen zur Gewährleistung der hier beschriebenen Rechte, insbesondere auch die finanziellen Voraussetzungen, weiterzuentwickeln und sicherzustellen.«*

Was ist eine Charta wert, die nur ein unverbindliches Empfehlungspapier ist, an die sich niemand halten muss? Gar nichts! Es handelt sich um eine Leidlinie, keine Leitlinie. Die Politik hat sich entschieden, die in der Charta geforderte Qualität nicht verbindlich einzufordern. Leistungsanbieter können so ohne Folgen hinter den in der Charta definierten Ansprüchen zurückbleiben.
Wir sehen uns jetzt in der Pflicht, die Grundrechte alter Menschen neu zu definieren. Unsere Forderungen sind detaillierter als die in der Charta und klingen zugegebenermaßen vielfach erschreckend banal. Aber da in der Altenpflege häufig nicht einmal die minimalen Grundbedürfnisse vieler Menschen von der Branche erbracht werden, müssen sie Gesetz werden. Mit unserer Neudefinition der Grundrechte fordern wir eine einklagbare und für alle in der Pflege verpflichtende Umsetzung derselben. Ein Verstoß dagegen muss entsprechende Sanktionen durch Behörden, Polizei oder Staatsanwaltschaft nach sich ziehen.
Bei unseren Forderungen zur Verbesserung der Rahmenbedingungen handelt es sich nicht um Luxus, sondern um Selbstverständlichkeiten: um Selbstbestimmung, den Wunsch, in der eigenen Wohnung zu leben, am gesellschaftlichen Leben teilhaben zu können, um Wahlfreiheit, Lebensqualität, Menschenwür-

de, Einhaltung elementarer Grund- und Menschenrechte, Praktizierung christlicher Grundwerte wie z. B. Nächstenliebe, Seelsorge und Barmherzigkeit. Die alten, behinderten und pflegebedürftigen Menschen wollen Sicherheit, Schutz, sich wohl fühlen, einen respektvollen und freundlichen Umgangston, Verständnis, geduldige, einfühlsame, höfliche Pflegekräfte, Respektierung der Privat- und Intimsphäre, Schmerzfreiheit, ärztliche Versorgung, Rechtssicherheit usw. …
Übrigens: Ein Lächeln, ein freundliches Wort, einen Menschen in den Arm nehmen kostet nichts! Wie wichtig kleine menschliche Gesten sind, haben wir oft erlebt.
So wie es in gut geführten Einrichtungen möglich ist, fordern wir für Betroffene, ihre Angehörigen und Pflegekräfte eine angstfreie Lebens- und Arbeitsatmosphäre. Außerdem sind menschenwürdige, wertschätzende Arbeitsbedingungen (Arbeitszufriedenheit), Supervision, Fort- und Weiterbildung sowie ein selbstbewusster und ehrlicher Umgang mit Kritik und Beschwerden dringend erforderlich. Eigentlich müsste das doch alles selbstverständliche Normalität sein!
Schauen Sie nicht weg! Es wird keine Familie geben, die nicht früher oder später mit dem Thema »Pflege« konfrontiert sein wird. Heute geht es um unsere Eltern – morgen sind wir möglicherweise selbst pflegebedürftig. Deshalb muss der Umgang mit unseren alten Menschen zur Schicksalsfrage der Nation werden!

Grund- und Menschenrechte für alte und pflegebedürftige Menschen

1. Grundrecht auf ausreichend Essen und Trinken und ausgewogene Ernährung

Fußball-Trainer Felix Magath liebt ungewöhnliche Maßnahmen. Beim Straftraining des VfL Wolfsburg nach einer Bundesliganiederlage hatte er einen großen Teil der Wasserflaschen ausgekippt. Den kleinen Rest sollten sich die Spieler teilen, um »das Teambuilding« zu fördern. Zwar konnten die Profis zehn Minuten nach dem Training wieder trinken, so viel sie wollten. Der Aufschrei und die Empörung darüber waren dennoch zu Recht groß. Das war Folter – und sicherlich mit ein Grund, warum Magath kurze Zeit später gefeuert wurde. Bei näherem Hinsehen war die Sache aber halb so schlimm. Im Pflegealltag sieht das anders aus! Denn Pflegebedürftige, die nichts zu trinken bekommen, können sich nicht selbst helfen. Und wehren können sie sich schon gar nicht. In der Pflegebranche wird auch niemand gefeuert, nur weil alte Menschen zu wenig zu essen und zu trinken bekommen.

Eine Angehörige schildert im Januar 2013 Folgendes:

»Zum Frühstück und zum Abendessen sah ich immer nur das mit Margarine bestrichene amerikanische (ungetoastete) Toastbrot, das meiner Tante vorher nicht bekannt war. Bei mir bekam sie Brezen, Semmeln, Schwarzbrot ohne Rinde mit Butter und Belag. Sie hatte seit vielen Jahren nur noch im Oberkiefer zwei Zähne, konnte aber dennoch fast alles essen. ... Bei einem

meiner Besuche war ich über den Gewichtsverlust meiner Tante so erschrocken, dass ich einer Schwester sagte, ›meine Tante verhungert ja am lebendigen Leib‹. Darauf bekam ich zur Antwort – ›sie ist unser Sorgenkind, weil sie nichts essen will‹. Ich sagte darauf, dass ich dieses Essen auch nicht möchte und schon gar nicht ständig dieses Toastbrot. Ich teilte mit, was sie bei mir gerne gegessen hatte. (...) Zu ihrem 90. Geburtstag schenkten wir ihr eine Flasche Cranberry-Saft, machten diesen auf und mischten ihn mit Wasser. Wir baten die Schwestern, ihr den restlichen Saft zu geben, was die auch tun wollten. Als ich sie nach ca. 8 Wochen auf ihrem Zimmer aufsuchte (an anderen Tagen, je nach der Tageszeit meines Besuches, war sie ja im Speisesaal), sah ich den angebrochenen Saft immer noch auf ihrem Zimmer stehen, jedoch übersät mit Schimmel.«

Angesichts solcher Berichte wirkt die Erfolgsmeldung des MDS (Medizinischer Dienst des Spitzenverbandes Bund der Krankenkassen) und des GKV-Spitzenverbandes im 3. MDS-Qualitätsbericht 2012 wie Hohn. In dem 193 Seiten dicken Werk heißt es: Rund zwei Drittel (67,4 Prozent) aller Pflegeheimbewohner benötigten Hilfe beim Essen und Trinken. Rund 80 Prozent dieser Bewohner seien nach Bedarf bei der Nahrungsaufnahme unterstützt worden, »erhielten bei Schluckstörungen speziell zubereitete Nahrung und energiereiche Speisen«. Im Vergleich zum Bericht aus dem Jahr 2007 habe sich die Situation sensationell verbessert, so sei »der Erfüllungsgrad damit bei den erforderlichen Maßnahmen zur Ernährung von

64,0 Prozent auf 79,5 Prozent erhöht« worden. Im Klartext heißt das: Vier von fünf Menschen, die solche Hilfen benötigen, bekommen genügend zu essen. Wenn das mal nicht ein Grund ist, ein Fläschchen Champagner aufzumachen!

Die 8565 Spaßverderber, also die restlichen 20,5 Prozent der Stichprobe, denen der Luxus ausreichender Mahlzeiten nicht vergönnt war, wollen oder können nicht darauf anstoßen. Sie seien, laut Bericht, »nicht im erforderlichen Umfang« unterstützt worden. In der Regel bekommen sie nicht nur zu wenig zu essen, sondern auch zu wenig zu trinken. Bei der sogenannten Flüssigkeitsversorgung wurden laut offiziellem MDS-Bericht bei 17,6 Prozent (in Zahlen: 7140!!!) der Bewohner, die nur mit Einschränkungen selbst trinken können, Defizite festgestellt. Das heißt: »Getränke werden nicht entsprechend den individuellen Erfordernissen gereicht.«

Wie lange wollen wir diesen Missstand eigentlich noch hinnehmen, zumal er in den vorangegangenen MDS-Berichten in den Jahren 2004 und 2007 auch schon thematisiert wurde? Was wäre eigentlich los, wenn kleine Kinder per Nasensonde ernährt würden, weil das Füttern zu lange dauern würde? Wäre der Zoodirektor noch im Amt, wenn der kleine Eisbär Knut (leider inzwischen verstorben) statt geduldig mit der Flasche mit einer Magensonde aufgezogen worden wäre? Was wäre los, wenn unruhige Kinder in der Krippe gefesselt würden? Es würde (hoffentlich) vollkommen zu Recht zur massiven Empörung in der Gesellschaft führen. Selbstverständlich würde man den betroffenen Hort oder den Zoo umgehend schließen, das Personal würde angeklagt. Es wird hoffentlich auch niemand bestreiten, dass eine Mutter, die ihr Kleinkind nicht ausreichend ernährt und dadurch verhungern lässt, sich strafbar macht. Hat der Vater von der unzureichenden Ernährung gewusst und ebenfalls nichts unternommen, dann hat er sich als Mittäter oder zumindest der Beihilfe schuldig gemacht. Wir fordern:

- Menschen müssen in dem Tempo essen und trinken dürfen, in dem sie kauen und schlucken können. Sie brauchen dafür Zeit. Pflegekräfte dürfen nicht drängen, im Gegenteil, sie müssen Demenzpatienten zum Essen und Trinken anleiten.
- Wunschgetränke müssen vom Pflegepersonal erfragt werden.
- Zwischenmahlzeiten müssen angeboten werden.
- Menschen müssen, soweit möglich, an der Zubereitung des Essens beteiligt werden.

Der Schweizer Soziologe Jean Ziegler sagte 2011, dass ein Kind, das heute verhungere, ermordet werde. In einem Interview mit der *Süddeutschen Zeitung* ergänzte er: »Die Weltlandwirtschaft könnte zwölf Milliarden Menschen normal ernähren, das Doppelte der Weltbevölkerung. Wir tun es aber nicht. Alle fünf Sekunden verhungert ein Kind. Das Geld ist nicht da. Denn es wird gebraucht, um die Banken zu retten.« Gleiches gilt für den Umgang mit alten Menschen, vor allem auch beim Geld. Vielfach fehlt es an motiviertem und gut ausgebildetem Personal und auch an Zeit. Es ist perfide, dass Pflegebedürftige im Nachmittags-TV Kochsendungen anschauen müssen, gleichzeitig aber zu wenig zu essen bekommen, zu schnell essen müssen oder mit einer Magensonde ernährt werden. Dass viele Pflegeheime für die Ernährung von alten Menschen mit nur rund 4 Euro pro Tag kalkulieren, sagt eigentlich alles. Deshalb: »Es ist genug! Auch alte Menschen haben Rechte.«

2. Grundrecht auf Bewegung und frische Luft

Sind »frische Luft« und »Spazierengehen« Luxus? Müssen pflegebedürftige Menschen raus in die Natur? Und wenn ja, wie oft? Mit dieser Frage haben wir uns lange beschäftigt.

In vielen Tierheimen gibt es ehrenamtliche HundeausführerInnen. Die Pfleger achten peinlich darauf, dass alle Tiere möglichst regelmäßig »Gassi« geführt werden. Manche Hunde sind sogar so bewegungshungrig, dass sie mehrmals täglich an die frische Luft müssen. Das Konzept funktioniert, weil viele Tierliebhaber freiwillig mithelfen. Sie würden selbstverständlich und völlig zu Recht auf die Barrikaden gehen, wenn Hunde eingesperrt würden, nur weil niemand Zeit hätte, sie auszuführen. Jeder Straftäter im Gefängnis hat das Recht auf regelmäßigen Hofgang und Bewegung an der frischen Luft. Wenn ihm ein Richter oder Gefängnisangestellter dieses Recht verweigern würde, könnte er klagen. Denn jeder Strafgefangene hat einen Anwalt, der sich für seine Rechte einsetzt.

In vielen Pflegeheimen ist das leider ganz anders. Pflegebedürftige haben oftmals niemanden, der sich wirklich um sie kümmert. Die »schleichende Immobilität« alter Menschen fällt dann kaum jemandem auf. Viel zu oft wird sie als Normalzustand hingenommen. Wie kann es dazu kommen? In »Problemheimen« holen Pflegekräfte alte Menschen morgens im Akkord aus den Betten und setzen sie in Rollstühle. Dann werden sie irgendwo abgestellt und sich selbst überlassen. Wenn sie Glück haben, ist ein Fernsehgerät in der Nähe. Wenn sie Pech haben, verbringen sie den ganzen Tag in verbrauchter Luft, weil niemand daran dachte, auch mal zu lüften. Wir können verstehen, dass sich viele alte Menschen gegenüber Tieren und Strafgefangenen benachteiligt fühlen. Angehörige und gesetzliche Betreuer kümmern sich oftmals nicht um sie, im Gegensatz zu Anwälten und Tierliebhabern, die sich für ihre Schützlinge einsetzen.

Eine Pflegekraft wollte dagegen angehen. Als Führungskraft hat sie versucht, etwas Menschenwürde ins Pflegeheim zu bringen. Sie hat es nicht geschafft. Als man in ihrem Heim über einen »Expertenstandard Spaziergänge« diskutiert habe, hat sie aufgegeben und gekündigt:

»Wie bitte, was brauchen wir? (...) Die angestaute Wut in mir bricht heraus. Die Sinnlosigkeit ist nicht mehr zu überbieten. Die Mitarbeiter wissen nicht, wie sie bei der ständig knappen Besetzung den Bewohnern gerecht werden sollen, und wir brauchen einen Standard zum Spazierengehen! (...) Heute sind sie einfach nur alt und möchten an die frische Luft, sie möchten die Sonne, den Wind, die Pflanzen und Tiere in stiller Ruhe genießen. Aber es wird behauptet, dass das nur zufriedenstellend gelingen kann, wenn es dafür einen Standard gibt. Wie habe ich es nur geschafft, dass meine Kinder unzählige Stunden glücklich und unbeschadet auf dem Spielplatz verbracht haben, ohne dass ich vorher unterwiesen wurde und für jede Eventualität ein Standard zur Hand war?«

Wenn man diese Zeilen liest, fragt man sich, wo eigentlich der gesunde Menschenverstand geblieben ist.

Der sagt nämlich: Bewegung ist auch für alte Menschen gesund und dient der Erhaltung der Mobilität. Wer sich viel bewegt, hat mehr Hunger, trinkt besser, wird abends müde und kann, oh Wunder, auch ohne Tabletten einschlafen. Eine banale Erkenntnis, die womöglich nur die Pharmaindustrie und Apotheker nicht gut finden.

Eigentlich sollte es doch gerade bei »hospitalisierten« Heimbewohnern selbstverständlich sein, dass sie durch Bewegung aus ihrer Starre, Apathie und Resignation geholt werden. Wir kennen viele Pflegekräfte, die gerne mit den ihnen anvertrauten Menschen wandern, sich mit ihnen im Garten beschäftigen oder zum Einkaufen gehen möchten. Aber oftmals sei das angeblich alles nicht möglich. Stattdessen kommen Ausreden: Entweder gebe es zu wenige intakte Rollstühle, die Reifen seien platt, die Bremsen kaputt oder der Rollstuhl zu groß oder zu klein. Es ist alles absurd.

Gut geführte Einrichtungen haben diese Probleme nämlich nicht. Dort gibt es viele ehrenamtliche MitarbeiterInnen, Besucher und Angehörige, die ständig im Haus sind. Sie organisieren Feste, Gottesdienste oder kleinere Ausflüge zum nächsten See, in den Tierpark, zum Markt oder fahren wie zum Beispiel ein Heim in Adenau mit den Bewohnern über den Nürburgring. Und alle zusammen haben Spaß. Unsere These: Wenn pflegebedürftige Menschen täglich rausgeholt würden, wären sie deutlich gesünder und ausgeglichener.

Warum werden zur Abschreckung eigentlich keine großflächigen Fotos von alten, pflegebedürftigen Menschen mit schlimmen Druckgeschwüren, Versteifungen oder Kontrakturen an den Bahnhöfen plakatiert? Gegen solche Misshandlungen muss sich die Gesellschaft endlich wehren. Denn alle Menschen haben ein Grundrecht, sich bewegen zu dürfen und an die frische Luft zu kommen. »Es ist genug! Auch alte Menschen haben Rechte.«

3. Grundrecht auf Toilettengänge

Stellen Sie sich vor: Sie befinden sich auf einer langen Bahnfahrt. Alle Toiletten im Zug sind verschlossen, der Zug ist überfüllt und kein Bahnpersonal in Sicht. Und der Druck auf die Blase wächst und wächst … Diese peinliche Situation musste ein Mann im ICE auf dem Weg von Frankfurt nach Dresden erleben. Fast alle »stillen Örtchen« waren unbenutzbar. Die einzige funktionierende Toilette war, laut Amtsgericht Frankfurt 2002 (AZ: 32 C 261/01), abgeschlossen und konnte aufgrund einer Zeugenaussage nur durch das Zugpersonal geöffnet werden. Der Reisende musste sich zwei Stunden mit seiner vollen Blase quälen. Er verklagte die Deutsche Bahn AG auf Schmerzensgeld. Der Mann bekam recht, da seine Gesundheit »rechtswidrig« und »schuldhaft« beschädigt wurde. Und er erhielt von der Bahn rund 400 Euro. Nächster Fall: Eine 80-jährige Mieterin konnte ihre

Miete um 50 Prozent reduzieren, und ihr wurde gleichzeitig Schmerzensgeld zugesprochen, weil die Toilette verstopft war. So das Urteil des Amtsgerichts Hannover vom 10. 10. 2008 (AZ: 559 C 3475/08). Im vorliegenden Fall habe die vom Vermieter zu vertretende Vertragsverletzung zu einer Gefährdung der Gesundheit der Mieterin geführt. Die Nichtnutzbarkeit der Toilette habe bei der 80-Jährigen während der Nachtzeit zu erheblichen psychischen Beeinträchtigungen bis zur Schlaflosigkeit geführt. Sie bekam 250 Euro Schmerzensgeld.

Es gibt offensichtlich also ein Recht auf Toilettengänge. Unsere Position dazu ist eindeutig: Jeder Mensch muss so oft zur Toilette gegen dürfen, wie er will. In vielen Pflegeheimen sieht das leider anders aus, wie folgende Beispiele von Angehörigen belegen.

Fall 1: »Das Personal ist ja bemüht, aber überlastet. Die Morgentoilette meiner Mutter erfolgt sehr hektisch (...). Das Menschliche bleibt auf der Strecke. Die Mutter muss Windeln tragen, weil der Pflegedienst nur zwei- oder dreimal am Tag kommen kann. Sie trinkt jetzt sehr wenig, damit sie nicht stundenlang in einer nassen Windel sitzen muss.«

Fall 2: »Mein Mann fragte die Pflegekraft, ob sie wüsste, wie es mit dem Toilettengang funktioniert, ob die Mutter sich dann meldet, wenn sie ›muss‹. Es wurde ihm nämlich von einer Pflegekraft gesagt, dass die Mutter ganz normal auf die Toilette geht, natürlich mit Hilfe. Die Präsenzkraft war erstaunt und lachte dann laut auf: ›Das stimmt doch nicht, die Mama scheißt in die Hose. Ich bin in ihr Zimmer gekommen und habe gesehen, dass sie sich die Windel aufgerissen und bei dem Versuch, sich dieser zu entledigen, die ganze Scheiße verschmiert hat.‹«

In den letzten zwei Fällen gab es keine Urteile und kein Schmerzensgeld. Weil sich die hilfebedürftigen Menschen nicht wehren können? Wir fordern, dass das gleiche Recht, das Bahn-Kunden und Mieter einklagen können, auch für pflegebedürftige Menschen gelten muss. Windeln sind zutiefst inhuman und dürfen nur dann eingesetzt werden, wenn ein Toilettengang unmöglich ist. Wer es nicht glaubt, dem empfehlen wir den Selbsttest. Tragen Sie eine Windel 24 Stunden am Stück. Wir versprechen Ihnen einen »hohen Wohlfühlfaktor« und bis zu 3,8 kg mehr Gewicht in der Unterhose. Und die Konsequenz vieler alter Menschen: Sie weigern sich zu trinken, weil sie befürchten, dass sie nicht zur Toilette kommen. Lieber leiden sie Durst und gehen gesundheitliche Risiken ein, bevor sie in die Windel machen. Was den Bewohnern peinlich ist, bezeichnen wir als erniedrigend und würdelos. »Es ist genug! Auch alte Menschen haben Rechte.«

4. Grundrecht auf Schutz und Sicherheit auch in der Nacht

»Wenn ich ehrlich bin, arbeite ich jede Nacht mit einem Bein im Gefängnis«, erzählt uns eine verzweifelte Altenpflegerin am Telefon. Sie sei alleine verantwortlich für 64 Bewohner, davon 34 in der Intensivpflege. Mittlerweile seien sieben Personen während ihrer Dienstzeit verstorben. Als einen Teil ihrer Arbeit betrachte sie es, Sterbende auf ihrem letzten Weg zu begleiten, ihnen die Hand zu halten und, wenn nötig, die Schmerzen zu lindern, ihnen zuzureden und den Angehörigen beizustehen. In keinem der sieben Fälle sei das möglich gewesen, weil einfach keine Zeit dazu geblieben sei.

»Fix und fertig bin ich«, erzählt uns die Pflegerin und bezieht sich dabei auf einen Fall, der sie nachts nicht schlafen lässt. Ein alter Mann sei nach einem Herzanfall ganz alleine verstorben. Sie sei leider zu spät gekommen. Vier Bewohner hätten in dieser Nacht gleichzeitig nach ihr geläutet. Hätte sie ihm vielleicht noch helfen können, wenn sie früher bei ihm gewesen wäre? Die Frage lässt sie nicht mehr los. »Das belastet mich seit Wochen. Aber was soll ich alleine machen? Ich mache meine Arbeit im Dauerlauf und fühle mich wie ein Fließbandarbeiter, der bei allen Anstrengungen nicht einmal ein halbwegs zufriedenstellendes Ergebnis zustande bringt«, berichtet sie völlig verzweifelt. In dieser Einrichtung, so die Schwester, würden nachts fast alle Menschen gewindelt.

Ohne die Gabe von Psychopharmaka sei die Nachtwache kaum zu schaffen.
Diese Fallschilderung spiegelt die Situation vieler Nachtschwestern wider. Wer möchte mit ihr tauschen? Wer möchte diesen »Job« unter solchen Bedingungen machen? Es ist oftmals ein Lotteriespiel, welchen Bewohnern Pflegekräfte helfen können und welchen nicht. Dass da zwangsläufig menschliche Tragödien vorprogrammiert sind, wird jeder bestätigen können.
Ein Notarzt teilte uns mit, dass er von einer Nachtschwester zu einem Patienten gerufen worden sei, bei dem bereits die Leichenstarre eingesetzt habe. Er musste schon Stunden vorher verstorben sein. Niemand habe es bemerkt. Die Pflegekraft sei kreidebleich neben ihm gestanden. Währenddessen hätten mehrere Bewohner nach der Nachtschwester geklingelt, erzählte er weiter. Sie habe diesen Hilfeschreien aber nicht nachgehen können, weil sie unter Schock stand. Der Notarzt habe später in seinem Protokoll nicht vermerkt, dass er eigentlich viel zu spät gerufen wurde. Er wollte die Pflegekraft angesichts der unmenschlichen Arbeitsbedingungen schützen. Sie sei genug bestraft, sagte er uns.

Solche oder ähnliche Situationen machen Nachtschwestern krank, teilweise sogar berufsunfähig. Viele sind traumatisiert und brauchen mittlerweile therapeutische Hilfe. So schrieb uns eine Psychologin, dass eine 54-jährige Pflegekraft bei ihr in Behandlung sei. Im Gespräch habe die Schwester darüber geklagt, dass sie den Widerspruch zwischen dem, was alte Menschen benötigten, und dem, was möglich wäre, nicht mehr aushalten könne. »Wenn ich die Möglichkeit hätte, mich zehn Minuten zu ihr (eine Bewohnerin) zu setzen und mit ihr zu reden, bräuchte sie die starken Medikamente nicht. Ich bin nachts immer allein auf Station. Ich bin für alle verantwortlich, was gleichzeitig auch heißt, dass ich mich nicht speziell um eine Person kümmern kann«, habe ihr die Nachtschwester erzählt.

Wollen wir wirklich solche Zustände haben? Pflegekräfte, die krank werden. Alte Menschen, denen möglicherweise nachts nicht geholfen werden kann, nur weil zu wenig Personal vor Ort ist? Uns gegenüber räumen viele Nachtschwestern ein, dass sie aufgrund der Arbeitsbelastung Pflegedokumentationen fälschen müssen. Denn jeder weiß, dass sie ihre Arbeit oft gar nicht schaffen können. Kontrollen des Medizinischen Dienstes und der Heimaufsichten finden nachts nur sehr selten statt.

Wir haben da einen Verdacht: Wenn die Prüfer genauer hinschauen würden, würden sie bisher ungeahnte Mängel in der Pflege aufdecken. Mängel, von denen keiner etwas wissen will. Es gäbe eine noch größere Debatte um den Pflegenotstand, als wir ihn heute schon haben. Wenn hier alle Straftaten, wie »unterlassene Hilfeleistung«, »Verletzung der Aufsichtspflicht« und »Medikamentenmissbrauch«, verfolgt würden, würden die Staatsanwaltschaften und Gerichte mit Verfahren überflutet werden. Das ist unsere feste

Überzeugung. Eine Angehörige, die gleichzeitig Anwältin ist, will den Anfang machen und Strafanzeige stellen:

»Ein Heim kann viel Geld sparen, wenn es bei 172 Plätzen nur zwei Personen in der Nachtschicht einsetzt. Natürlich muss man dann versuchen, eine demente Person, die nachts herumläuft, mit Tabletten auszuschalten oder in eine geschlossene Abteilung einweisen zu lassen. So geschehen bei meiner Mutter. Ich bin gerade dabei, gegen diese Heimleitung und den verschreibenden Psychiater eine Strafanzeige zu schreiben. Meine Hoffnung ist, dass immer mehr Juristen unter den Angehörigen der Heimbewohner sind, die nicht erst zum Rechtsanwalt gehen müssen, um sich gegen diese menschenverachtende Behandlung ihrer Angehörigen mit juristischen Mitteln zu wehren.«

Nur viele Strafanzeigen, die gleichzeitig auch gut belegt sein müssen, können den Druck auf die Branche und die Politik erhöhen. In einigen Heimen ist die Personallage in der Nacht unverantwortlich schlecht. Für die Pflegekräfte fühlt sich das oftmals an wie Auto fahren ohne Bremsen, weil sie, wenn mehrere Bewohner klingeln, entscheiden müssen, wer zuerst drankommt. Und sie müssen hoffen, dass die Patienten, die warten müssen, keine Notfälle sind. Leider spielt dieses Thema in der öffentlichen Pflegediskussion und auch bei Pflegesatzverhandlungen kaum eine Rolle. Der Personalschlüssel muss zwingend verbessert werden – im Sinne der Pflegekräfte und vor allem zum Nutzen der Bewohner. »Es ist genug! Auch alte Menschen haben Rechte.«

5. Grundrecht auf einen angstfreien Lebensabschnitt und geschlechtsspezifische Pflege

Die Zeit der Pflegebedürftigkeit ist häufig der letzte Abschnitt eines langen Lebens. Die Generation, die heute gepflegt werden muss, hat einiges durchgemacht. Die Menschen haben einen, manche sogar zwei Weltkriege überlebt und in dieser Zeit immer in Angst gelebt. Unsere Eltern und Großeltern waren aber auch beteiligt am Wirtschaftswachstum, und sie haben uns großgezogen. Jetzt können sie nicht mehr. Daher stehen wir als Kinder in der Verantwortung, ihnen den letzten Abschnitt so angst-, sorgen- und schmerzfrei wie möglich zu gestalten. Wir müssen uns kümmern und für die alten Menschen da sein, so wie sie für uns da waren, als wir klein waren. So sollte es eigentlich sein.

Doch die Realität sieht vielfach anders aus, wie folgendes Beispiel zeigt. Eine 88-jährige Pflegeheimbewohnerin erzählt uns, wie sie sich vor lauter Angst gegen einen jungen, angelernten Pfleger wehrte, der sie im Intimbereich waschen sollte:

»Ich selbst habe große Not empfunden, als ich von einem jungen, angelernten Pflegehelfer gewaschen wer-

den sollte. (...) Ich habe mich gewehrt, andere Frauen trauen sich nicht. Sie ertragen diese Art der Pflege eher schlecht als recht. (...) Ist es Gedankenlosigkeit? Warum wird nicht jede Pflegebedürftige gefragt, wie sie sich die Pflege wünscht? Wo bleibt die Menschenwürde? (...) Besonders bei älteren Frauen weckt die Situation Erinnerungen an schlimme Kriegserlebnisse. Die meisten weinen dann still in ihr Kissen ...«

Und sie haben Angst vor dem nächsten Mal. 24 Stunden am Tag, jeden Tag. Denn der junge Pflegehelfer wird wiederkommen. Er wird die Frauen wieder gegen ihren Willen ausziehen und im Intimbereich waschen. Was soll das? Die Lösung des Problems ist doch ganz einfach. Frauen können nur von Frauen versorgt werden. »Gleichgeschlechtliche Pflege« heißt das im Fachjargon. Bei zum Teil mehr als 3000 Euro Heimkosten im Monat muss es doch möglich sein, alte Menschen so zu pflegen, dass sie ihre Würde behalten können und keine Angst haben müssen.
Elias, ein »schwarzer« Altenpfleger aus dem afrikanischen Eritrea, war vor einigen Jahren zu Gast beim Münchener Pflegestammtisch. Dort erzählte er, wie ernst geschlechtsspezifische Pflege in seinem Land genommen wird: »In meiner Heimat käme niemand auf die Idee, dass eine schwarze pflegebedürftige Frau von einem Mann, oder gar weißen Mann, gewaschen oder zur Toilette gebracht wird. Das wäre bei uns eine Kulturschande!« Kulturschande also. Im Strafvollzug, bei Zollkontrollen, im Fußballstadion, am Flughafen und bei der Polizei – überall werden die

Untersuchungen auch von Kontrolleuren gleichen Geschlechts vorgenommen. Warum nicht in der Pflege hier in Deutschland? »Es ist genug! Auch alte Menschen haben Rechte.«

Auch Männer haben Angst. Eine Tochter erzählt uns, dass ihr 88-jähriger Vater sich davor fürchtet, in die Hose zu machen. Er findet das würdelos. Das sei dem Pflegepersonal auch klar kommuniziert worden. Dennoch werde ihr Vater ständig gewindelt. Um seine Würde zu erhalten, rufe er dennoch jedes Mal, bevor er seine Notdurft verrichten muss, nach dem Pflegepersonal. Seiner Bitte, ihn zur Toilette zu bringen, komme das Personal aber nur selten nach. Den folgenden Dialog hat die Tochter aufgeschrieben:

Vater: »Ich muss noch mal zur Toilette …«
Schwester: »Sie haben eine Windel drin. Da passiert nichts!«
Vater: »Das mag ich nicht!«
Schwester: »Wir haben gerade Übergabe und jetzt keine Zeit.«

Der Vater wird ungeduldig und zornig. Nicht mehr lange kann er seine Notdurft zurückhalten. Eine Dreiviertelstunde später ruft er nochmals nach der Schwester. Es dauert weitere zwanzig Minuten, bis die Kollegin aus der Spätschicht kommt.

Schwester: »Sie haben eine Windel. Es macht nichts, wenn sie nass wird.«

Vater: »Ich muss groß!«
Schwester: »Da müssen wir zu zweit sein. Die andere Schwester kann jetzt nicht weg. Wir sind zu zweit für zwei Stockwerke. Wir kommen, sobald es möglich ist.«

Eine weitere Stunde später sei noch immer niemand da gewesen, berichtet uns die Tochter später. Der Vater hat es nicht mehr rechtzeitig zur Toilette geschafft. Die Geschichte macht traurig und wütend. Ein alter Mann hat Angst, in die Windel zu machen, weil er sich schämt. Die Tochter hat Angst, sich beim Personal lautstark darüber zu beschweren, kann dem Vater aufgrund ihrer körperlichen Konstitution aber auch nicht helfen. Die Pflegekräfte haben Angst, ihre Arbeit nicht zu schaffen und vor der Pflegedienstleitung. Die Pflegedienstleitung hat Angst vor der Heimleitung und die womöglich vor dem Bischof. Angesichts der geschilderten Umstände müsste der hohe Würdenträger am meisten Angst haben, denn so etwas darf es in einer kirchlichen Einrichtung eigentlich niemals geben. Jeder hat also Angst vor jedem. Die Pflegebedürftigen am meisten, denn sie sind die Schwächsten. Solange diese Schweigespirale nicht durchbrochen wird, wird sich an der schlimmen Situation vieler HeimbewohnerInnen nichts ändern. »Es ist genug! Auch alte Menschen haben Rechte.«

6. Grundrecht auf das Verbot pflegeerleichternder Maßnahmen

Die sogenannten »pflegeerleichternden Maßnahmen« (Fixierungen statt Bewegung, Windeln statt Toilettengänge, Magensonden statt selbständigem Essen) erleichtern die Arbeit des Personals, helfen, Kosten zu drücken, und schaden den hilfebedürftigen Menschen. Deshalb fordern wir ein Verbot. Sie werden nur deshalb häufig angewendet, weil die Hemmschwelle zur Folter bei alten Menschen offensichtlich niedriger ist als zum Beispiel bei Kindern, Gefängnisinsassen und Tieren. Auf diese Weise wird Artikel 1 des Grundgesetzes, der die Würde des Menschen für unantastbar erklärt, insgeheim eingeschränkt: »Die Würde des Menschen ist unantastbar, es sei denn, er ist pflegebedürftig, behindert, altersdement und verursacht unverhältnismäßige Mehrkosten.«
Dass Pflegekräfte nicht ausreichend Zeit hätten, Personalmangel herrsche und die Pflegesätze nicht ausreichend seien, wird häufig als Entschuldigung für pflegeerleichternde Maßnahmen angeführt. Angehörige, Pflegekräfte, Ärzte, gesetzliche Betreuer, Richter und andere, die für die Genehmigung verantwortlich sind, rechtfertigen die Notwendigkeit von Fesselungen (Fixierungen), Sedierungen (Ruhigstellen von Menschen mit Psychopharmaka) und Verletzungen von Aufsichtspflichten mit diesen Ausreden. Aber natürlich nur informell. Laut dürfe man das nicht sagen.
Beispiel Fixierungen: Viele Pflegeheime machen mit schwierigen dementen Bewohnern kurzen Prozess.

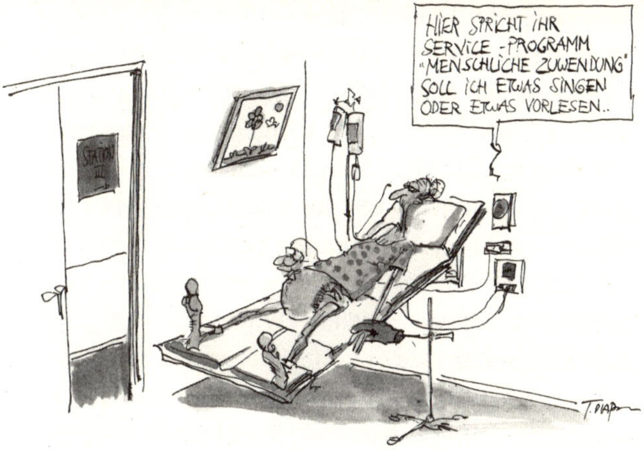

HAUS ABENDROT 2030

Wer oft wegläuft oder andere Bewohner belästigt, wird in einigen Einrichtungen mit Gurten ans Bett oder an den Rollstuhl gebunden. In Pflegeheimen haben wir auch schon erlebt, dass die Fixierung mit einem an den Rollstuhl angeschraubten Tablett erfolgt. Auch hier kann der Mensch nicht mehr alleine aufstehen. Rechtlich gesehen ist hierfür stets eine richterliche Anordnung erforderlich. Dass Richter nicht immer sorgsam arbeiten, darüber hat das ARD-Politikmagazin *Report Mainz* im Spätsommer 2008 berichtet. Gegen einen Vormundschaftsrichter wurde Haftbefehl erlassen, weil er freiheitsentziehende Maßnahmen bei pflegebedürftigen Menschen angeordnet haben soll, ohne jegliche Prüfung. Er verfügte offenbar Fesselungen, ohne dass er sich persönlich einen Eindruck vom Zustand des Betroffenen gemacht hätte. Mit fingierten Anhörungsprotokollen habe er dieses Versäumnis verschleiern wollen. Seine Masche flog erst auf, als er einen Beschluss für eine bereits verstorbene Person verfasst habe. Im Interview mit *Report Mainz* beklagte der Richter eine Überlastung durch eine Flut von Fixierungsanträgen: »Also ich muss ganz deutlich sagen, für mich, so wie ich es gerne gemacht hätte, stand mir deutlich zu wenig Zeit zur Verfügung.« Richter sind also auch Teil eines menschenverachtenden Systems. Würden sie ihre Entscheidungen sorgsamer treffen, könnten viele Unfälle womöglich verhindert werden. So mussten wir bei einem Besuch in einem Pflegeheim miterleben, wie sich eine alte Frau in ihrem hochgezogenen Bettgitter (auch eine freiheitsentziehende Maßnahme) verkeilte. Ihre Beine waren bereits blau angelaufen, als sie die Pflegerinnen befreiten.

Auch Menschen, die sich an ihren Fixiergurten strangulieren, sind keine Seltenheit. Wir kennen Bilder von alten Menschen, die nach einem langen Todeskampf erstickten. Darüber forscht die Leiterin des Fachbereichs Forensische Gerontologie am Institut für Gerichtsmedizin der Universität Wien, Andrea Berzlanovich, seit Jahren. Für ihre Studie »Todesfälle bei Gurtfixierungen« (veröffentlicht im Januar 2012 im *Deutschen Ärzteblatt,* Heft 3) hat sie 26 Obduktionen analysiert und den Unfallhergang rekonstruiert. Bei 22 Opfern war die Fesselung oder das Bettgitter für den Tod unmittelbar verantwortlich. Allein elf Pflegebedürftige hatten sich stranguliert. Für Berzlanovich ist jedes Handeln, das alten Menschen psychische oder physische Verletzungen zufügt oder ihre

Rechte einschränkt, eine Gewalttat. Daher fordert sie, alle Alternativen zu freiheitsentziehenden Maßnahmen auszuschöpfen. Falls Fesselungen unvermeidbar seien, so die Wissenschaftlerin, müssten »diese vorschriftsmäßig angewandt und die Betroffenen verstärkt beobachtet werden«. Damit ist eines klar: Wer fachlich korrekt fixiert, braucht mehr Personal und nicht weniger. Allein schon diese Tatsache belegt, dass Fesselungen rein aus Zeitmangel der Mitarbeiter Folter sind. Menschen erleiden dadurch in der Folge immense körperliche Schäden. Muskeln bauen sich ab, Druckgeschwüre (Dekubitus) bilden sich durch langes Liegen, und Inkontinenz entsteht. Dabei geht es in vielen Einrichtungen auch ohne oder mit deutlich weniger Fesselungen. In Garmisch-Partenkirchen gibt es inzwischen den sogenannten Werdenfelser Weg. Neu ist dabei, dass auch ein unabhängiger Pflegefachmann über Fixierungen mit entscheidet. Er kann mit den Pflegeheimen auf Augenhöhe sprechen. Und siehe da: Seither werden die Empfehlungen der Heime auch mal kritisch hinterfragt. Zum Beispiel wird nicht mehr jeder Demenzpatient, der sturzgefährdet ist, zwangsläufig gefesselt. Im Ergebnis konnte die Zahl der freiheitsentziehenden Maßnahmen drastisch reduziert werden. Andere Landkreise ziehen jetzt nach.

Dennoch wird in Deutschland immer noch zu viel fixiert. Einzelne Verbände, wie der Deutsche Pflegerat (DPR) und der Verband katholischer Altenhilfe in Deutschland (VKAD), kritisieren laut der Zeitschrift *Politik und Management für Führungskräfte Pflege*

(Nr. 10/2012) des Vincentz Verlages nicht den Umstand an sich, sondern die in den Medien ausgetragene Diskussion um freiheitsentziehende Maßnahmen. Das ist völlig absurd. Menschenverachtend wird es, wenn der DPR im Artikel behauptet, dass Fixierungen »immer therapeutisch indiziert« seien. In den Fällen, in denen freiheitsentziehende Maßnahmen fachlich nicht geboten seien, sehe der DPR einen Beleg für die unzureichende Personalbesetzung in den Heimen. Das ist ein Offenbarungseid. Die kritischen Passagen sind übrigens im Internet inzwischen nicht mehr zu finden. »Es ist genug! Auch alte Menschen haben Rechte.«

7. Grundrecht auf eine angemessene Medikamentenversorgung

Ein Video. Gedreht von einer Tochter. Verzweifelt redet sie auf eine alte Dame ein: »Mutter, guck mich mal an! Guck mich mal bitte an. Guck mich mal an! Mach mal die Augen auf, guck mich mal an!« Die Bilder veröffentlichte das ARD-Politikmagazin *Report Mainz* im März 2012. Der Verdacht: Die Frau ist vollgepumpt mit Beruhigungsmitteln.
Alte Menschen und Arzneimittel sind ein schwieriges Kapitel. Betagte Patienten nämlich genesen langsamer von Krankheiten, und Medikamente wirken bei ihnen nicht in gleicher Weise wie bei jüngeren. Ganz kompliziert wird es, wenn ein alter Mensch an mehre-

ren Gebrechen leidet und eine Vielzahl von Medikamenten einnehmen muss. Das ist fast immer der Fall. Wie aber wirken verschiedene Arzneimittel, wenn sie miteinander kombiniert werden? Bei solchen Fragen wird mancher Arzt unsicher. Die Leidtragenden sind natürlich die Patienten. »Das ist nicht mehr meine Mutter. Das ist ja nur noch ein Häufchen Elend! Alles zerstört, körperlich, geistig, der Lebenswille«, klagt die Tochter weiter. Sie ist den Tränen nah. Vollgepumpt mit Medikamenten sei die Mutter gewesen, festgebunden an ihren Rollstuhl. Ob das nicht schrecklich sei, fragt sie. Die Tochter bittet im Fernsehbericht, weder ihren Namen noch den der Mutter zu nennen. Dennoch will sie aufrütteln. Ihr Vorwurf: Vor allem Psychopharmaka und Beruhigungsmittel hätten die demente alte Frau zu einem Wrack gemacht: »Sie wird nur geweckt, um die nächste Ladung Psychopharmaka einzunehmen. Dafür weckt man diese Leute, die den ganzen Tag vor sich hin dämmern. Sie werden geweckt, um dann noch mal nachzulegen, damit sie ja nicht zwischendurch wach werden. Und das ist für mich – menschenverachtend reicht da schon gar nicht«, stellt die Tochter resignierend fest. Lange habe sie versucht, gegen die Verabreichung der Medikamente zu kämpfen.
Noch vor der Ausstrahlung des Berichtes ist die alte Dame verstorben. Ein Zusammenhang zwischen Arznei und ihrem Ableben ist nicht herstellbar. Dennoch hält der Bremer Arzneimittelexperte Prof. Gerd Glaeske die verschriebenen Mittel für hochproblematisch, nachdem er die Medikamentenliste der alten

Frau eingehend ausgewertet hatte. »Wenn wir uns diese Arzneimittel anschauen, dann kann es nur darum gehen, dass ein älterer Mensch ruhiggestellt wird, dass viele Psychopharmaka nebeneinander gegeben werden, dass es ein hohes Schadenspotenzial mit diesen Arzneimitteln gibt und dass letzten Endes die gesamte Therapie unkoordiniert erscheint und zum Schaden der Patientin ausgeht«, sagte Prof. Glaeske im Interview mit *Report Mainz*.

Riskante Pillencocktails mit unkalkulierbaren Nebenwirkungen – ein Einzelfall? Helmut Wallrafen-Dreisow ist Geschäftsführer von sechs Pflegeheimen in Mönchengladbach mit gutem Ruf. Er wollte wissen, was Ärzte seinen Heimpatienten so alles auftischen, und hat die Medikamentengabe bei allen 617 Bewohnern untersuchen lassen. Ergebnis: 33 Prozent erhalten mehr als zehn Verordnungen täglich, 15,6 Prozent mehr als zwölf. Jeder dritte bekommt also mehr als zehn Medikamente am Tag. »Ich war bestürzt. Unsere ganze Leitungsebene war bestürzt. Weil die Mehrfachmedikamentation natürlich bekannt ist, aber mit dieser Systematik, das war uns nicht bekannt«, so Wallrafen-Dreisow. Ältere Menschen haben viele Krankheiten, brauchen daher auch mehr Medikamente als junge Patienten. Wann aber wird es zu viel? Professor Glaeske glaubt, dass betagte Personen vier bis fünf Arzneimittel aushalten können: »Wenn es mehr wird, wird es schon sehr schwierig in der Abstimmung. Wenn es über zehn geht, ist es nicht mehr kontrollierbar. Das heißt, wir haben hier eine Gefährdung durch eine nicht mehr kontrollierbare Arzneimitteltherapie.«

Zurück zur Tochter. Sie zeigt uns Bilder ihrer Mutter. Schon kurze Zeit, nachdem sie Psychopharmaka bekommen habe, habe sie ihre eigene Mutter nicht mehr erkannt. Sie sei »völlig zugeballert, abgeschossen und leer« gewesen. Pflegeheimbewohner erhalten nicht nur zu viele Medikamente, sie erhalten auch Arzneien, die für sie potenziell ungeeignet sind, berichtete *Report Mainz* schon 2010.

Auch Frau Irma H. hat Probleme mit ihren Medikamenten. Die alte Dame muss täglich viele Tabletten gegen ihre Beschwerden einnehmen: »Morgens sind es so drei, vier. Über den Mittag nehme ich noch einmal zwei, dann sind's fünf, und abends sind's noch einmal drei. Jetzt nehme ich halt zusätzlich auch noch eine Schmerztablette«, erzählt sie ihrem Hausarzt. Seit einigen Tagen leidet sie unter Nebenwirkungen wie Mundtrockenheit und Schwindel. Ihr Hausarzt hat den Verdacht, dass vor allem ein Blasenmedikament für die unerwünschten Folgen verantwortlich sein könnte. Frau H. ist akut sturzgefährdet, ein Oberschenkelhalsbruch könnte drohen. Daher eliminiert er das riskante Medikament und ersetzt es durch eine Alternative mit weniger gefährlichen Nebenwirkungen für die alte Frau. Häufig haben Hausärzte aber zu wenig Zeit dazu, und manchmal fehlt es auch am nötigen Fachwissen.

Das Politikmagazin war auch bei einer Visite in einem Berliner Krankenhaus dabei. Eine 87-jährige Frau stürzte, kurz nachdem sie ein Mittel gegen ihren zu hohen Blutdruck eingenommen hatte. Die Folge: Blutergüsse am ganzen Körper und eine Hüftfraktur. Sie musste operiert werden. Die Patientin ist wohl ein Medikamentenopfer. Brisant an diesem Fall: Der Wirkstoff Clonidin, der der alten Dame von ihrem Hausarzt verordnet worden war, darf nur in Ausnahmefällen verschrieben werden. Der Oberarzt des evangelischen Geriatrie Zentrums Berlin, Prof. Heiner Berthold, sieht das im Filmbericht sehr kritisch: »Das sehen wir wirklich ganz häufig. Also Übermedikamentierung mit Blutdrucksenkern, aber auch mit anderen Arzneimitteln, die in irgendeiner Art und Weise aufs Gehirn wirken. Schlafmittel zum Beispiel oder Neuroleptika oder Antidepressiva führen häufig in der Kombination bei alten Menschen zu Stürzen, und dann sehen wir ebensolche Komplikationen wie eine Hüftfraktur.«

Dennoch werden Mittel wie Clonidin im medizinischen Alltag zu häufig eingesetzt. Auf diesen Missstand machte eine Studie aufmerksam, die 2010 ver-

öffentlicht wurde. Autorin ist die Pharmakologin Petra Thürmann vom Philipp-Klee-Institut für klinische Pharmakologie. Ihr Auftraggeber: das Bundesforschungsministerium. Konkret wird in der sogenannten Priscus-Liste vor 83 Wirkstoffen gewarnt. Neben dem Blutdrucksenker Clonidin stehen unter anderem auch Schmerzmittel und Psychopharmaka auf dem Index. 15 bis 20 Prozent der älteren Menschen, die zu Hause leben, erhielten ein solches Medikament, sagte Thürmann im *Report Mainz* Interview. In Altenheimen seien es fast 40 Prozent. Wir halten fest: Fast 40 Prozent der Altenheimbewohner erhalten potenziell gefährliche Medikamente. Und: Besondere Gefahren drohen, wenn sie mit anderen Mitteln kombiniert werden. Die Folge – häufig schwere Nebenwirkungen.
Auch Helmut Wallrafen-Dreisow in Mönchengladbach ist durch seine Untersuchung sehr nachdenklich geworden. 337 von 617 Bewohnern seiner Heime wurden Priscus-Medikamente verabreicht – mehr als jedem zweiten. Woran liegt das? Unwissenheit der Ärzte könnte eine Erklärung sein. Hinzu komme, sagt Professor Gerd Glaeske, dass ein älterer Mensch typischerweise, auch wenn er nicht im Pflegeheim wohne, teilweise fünf Ärzte habe: einen Allgemeinarzt, einen Internisten, einen Orthopäden und einen Augenarzt, Männer einen Urologen, Frauen eine(n) GynäkologIn. Diese Ärzte würden womöglich aus ihrer Sicht immer das Richtige verordnen, aber zusammen genommen sei es falsch. »Und deshalb ist das Problem, das ältere Menschen haben, dass sie unter zu

vielen Medikamenten leiden«, sagte Prof. Glaeske gegenüber *Report Mainz*.
Aus diesem Befund kann man eigentlich nur einen Schluss ziehen. Ärzte und Fachärzte müssen sich besser untereinander abstimmen. In vielen Fällen kann die Zahl der Medikamente deutlich reduziert werden. Eine Patientin nahm bis vor kurzem 16 verschiedene Wirkstoffe täglich. Seit die Dosis auf sechs reduziert wurde, geht es ihr wieder besser.

Zum guten Schluss möchten wir erwähnen, dass es auch anders geht: Eine stolze, selbstbewusste Pflegerin erklärte uns: Das bei uns am meisten verabreichte Psychopharmakon ist die Zuwendung! Das aber gibt es in deutschen Pflegeheimen und Krankenhäusern leider viel zu selten. »Es ist genug! Auch alte Menschen haben Rechte.«

8. Grundrecht auf menschenwürdige Pflegequalität: Pflegekräfte müssen »Schutzengel« der alten Menschen sein

Bei Heimkosten von zum Teil über 3000 Euro pro Monat müssen Angehörige eigentlich erwarten können, dass Bewohner gut und menschenwürdig versorgt werden. Pflegekräfte haben eine »Schutzengelfunktion« für hilfebedürftige Menschen. Die wird ihnen in der Ausbildung auch vermittelt. Leider können viele Mitarbeiter dieser Aufgabe im Alltag kaum gerecht werden. Sie sind oftmals restlos überfordert von einer Fließbandarbeit, die nur im Akkord bewältigt werden kann. Von allen Seiten werden Pflegekräfte vielfach unter Druck gesetzt, noch effektiver, besser und vor allem noch schneller zu arbeiten. Aber wer schon am Anschlag ist, kann nicht noch mehr Leistung bringen. 120 Prozent geht nicht, auch wenn es viele Pflege-Bosse fordern. Die Chefs selbst sind vielleicht noch nicht am Limit. Wir hören immer wieder davon, dass sie viel Zeit für ihre Hobbys haben oder das »Get together« und »Socializing« auf Pflegekongressen genießen. Eigentlich müssten sie ihren Mitarbeitern den Rücken stärken. Doch oftmals sind die Pflegekräfte auf sich alleine gestellt. Das macht sie mürbe und krank und senkt natürlich die Pflegequalität. Auszug aus einer anonymen Selbstanzeige einer Schwester:

»Ich (wie fast alle Pflegekräfte) verzweifle tagtäglich am Pflegealltag, weiß um meine Fehler, gebe jeden Tag alles, um Missstände zu verhindern, um gefährliche Pflege zu mindern, und muss doch jeden Tag wieder erkennen, dass ich scheitere. (...) Natürlich informiere ich die maßgeblichen Stellen, wieder und wieder. Keiner kümmert sich, keiner will zuhören, keiner handelt! Es bleibt alles, wie es ist, bis etwas Gravierendes passiert. Wie lange noch? (...) Ich injizierte einer Diabetikerin (ca. 87 Jahre) die dreifache Menge des zu verabreichenden Altinsulins. Dies kann ohne rechtzeitiges Eingreifen gegebenenfalls einen lebensbedrohlichen

Schockzustand hervorrufen. Gott sei Dank habe ich es durch Zufall fünf Minuten später bemerkt und konnte Schlimmeres verhindern. (...) Ich hätte fast einer Bewohnerin die falschen Medikamente gegeben, weil eine Kollegin sie mir falsch gestellt hatte. Nur durch Zufall hatte ich es bemerkt. (...) Ein Bewohner bekommt viermal täglich hoch dosiert ein Schmerzmedikament verabreicht. Ich habe gesehen, dass das mindestens fünf Tage lang nicht gegeben wurde, weil die Packung aufgebraucht war. Der Bewohner klagte dann über so gravierende Schmerzen, dass der Hausarzt kommen musste. (...) Das nennt man unterlassene Hilfeleistung. (...) Ich habe vor wenigen Tagen eine knapp 91 Jahre alte Dame dermaßen unangemessen zurechtgewiesen, nur weil sie nach mehrfachem, erfolglosem Rufen (ich hatte sie zwar gehört, hatte aber zunächst keine Zeit) versuchte, allein auf die Toilette zu kommen. Sie ist hochgradig sturzgefährdet und sitzt im Rollstuhl. Die Frau war den Tränen nah und entschuldigte sich immer wieder bei mir, dass sie mir ja so viel Arbeit mache. (...) Ich war so beschämt ob meiner Reaktion. Natürlich habe ich mich bei ihr entschuldigt, aber das hätte mir nicht passieren dürfen! Wie furchtbar und erniedrigend für die alte Dame, die nur verhindern wollte, sich in die Hose zu machen! (...) Ich begehe jeden Tag eigentlich eine Dokumentenfälschung, da ich keine Zeit habe, diese zeitnah, überlegt und konzentriert zu tätigen. Ich kreuze an, was meine ›Vorreiter‹ dokumentiert haben, auch wenn ich es nicht gemacht habe.«

Wo bleibt da die »Schutzengelfunktion«? Diese Selbstanzeige belegt, dass viele Pflegekräfte selbst einen Schutzengel brauchen und ihre eigentliche Aufgabe gar nicht wahrnehmen können. Sie brauchen vor allem jemanden, der ihnen zuhört und sie ernst nimmt. Noch kämpfe sie gegen die Missstände, sagte die Pflegekraft, noch habe sie nicht aufgegeben. Ihr Gewissen lasse das nicht zu.

Dass auch viele Angehörige die Situation in vielen Heimen nicht mehr aushalten, zeigt das Folgende: Einige von ihnen, erzählen sie uns, hätten resigniert. Sie melden sich inzwischen jedes Mal vor den Besuchen im Heim an. Damit sei wenigstens gewährleistet, dass sie ihre Angehörigen nicht in Urin und Kot liegend vorfinden. Denn wenn das Personal weiß, dass jemand zu Besuch kommt, dann wird schnell noch die Mindestversorgung durchgeführt. So ist das Gewissen beruhigt, und später kann man sagen, eigentlich war doch alles gar nicht so schlimm. Frustrierte Angehörige haben uns auch bestätigt, dass sie häufig Mutter und Vater nur noch Suggestivfragen nach dem Wohlbefinden stellen, auf die nur eine Antwort des Pflegebedürftigen möglich ist: »Mir geht's gut.« Dass das nicht stimmt und kritisch hinterfragt werden müsste, steht auf einem anderen Blatt. Je größer die Verzweiflung und Aussichtslosigkeit alter Menschen ist, desto niedriger werden ihre Ansprüche. Ehrliche Antworten würden viele Angehörige nicht aushalten. »Es ist genug! Auch alte Menschen haben Rechte.«

9. Grundrecht auf palliativgeriatrische Versorgung und Hospizkultur

Ein erschreckender Fall hat sich in Bremen abgespielt. Frau K. hatte Krebs im fortgeschrittenen Stadium und den Wunsch, in einem Hospiz zu sterben, weil sie dort ihren Wünschen entsprechend gepflegt werde. Eigentlich haben schwerkranke Patientinnen und Patienten, die an einer nicht heilbaren Erkrankung leiden, Anspruch auf Hospizleistungen. Das ist im Sozialgesetzbuch geregelt. Doch dann sei sie nicht so schnell gestorben wie erwartet, berichtete das ARD-Magazin *Kontraste* im August 2012. Frau K. musste das Hospiz wieder verlassen und sei gezwungen worden, in ein Pflegeheim umzuziehen. Im Filmbeitrag erinnert sich ihre Freundin: »Das war einer der wenigen Momente, in dem ich Frau K. geschockt erlebt habe. Sie hat immer nein, nein gesagt, sie hat angefangen zu weinen, sie hat einfach entsetzt geguckt, also so wie man eben halt, wenn man nicht mehr sprechen kann, seinen Schock ausdrücken kann.« Wie Frau K. geht es vielen.

Auch auf Palliativstationen in Krankenhäusern dürfen todkranke Menschen nicht ewig verweilen. Auch hier gilt: Wer zu lange lebt, dessen Platz ist gefährdet. *Report München* berichtete im Februar 2013 über eine unheilbar kranke 53-jährige Frau. Auf der Palliativstation des Krankenhauses fühle sie sich geborgen. »Jeder von uns muss gehen. Wir werden alle gehen. Und sind sicher jeder Einzelne heilfroh, wenn wir am Ende an einem Ort sind, an dem wir noch mal aufgefangen werden«, sagte sie im Filmbeitrag.

Aber wie lange kann sich das Krankenhaus eine solche Patientin »leisten«? Jeder Patient wird über sogenannte Fallpauschalen abgerechnet. Medizinische Leistungen werden also pro Behandlungsfall vergütet. Aber darf es eine Pauschale für sterbende Menschen geben? Ziel von Fallpauschalen ist ein möglichst kurzer stationärer Aufenthalt. Das heißt, ein Patient rechnet sich für die Kliniken, wenn er schnell gesund wird, aber auch wenn er schnell stirbt. Tut er Letzteres dank aufopferungsvoller Versorgung nicht, wird er ein »Verlustgeschäft«. Wer hat sich so etwas ausgedacht? Sollen mit Fallpauschalen vor allem die Kosten für die Krankenkassen gesenkt werden? Der angesehene Palliativmediziner Gian Domenico Borasio von der Universität Lausanne kritisiert wirtschaftliche Anreize beim Sterben: »Das Schlimmste ist, dass Fallpauschalen, und zwar ohne dass irgendjemand das bestreiten würde, einen Anreiz setzen und auch setzen sollen, dass Patienten aus den Häusern möglichst schnell entlassen werden, so dass sich das System rechnet. Bei Palliativstationen sterben in der Regel etwa 50 Prozent der Patienten. Das bedeutet, dass mit einem solchen Verfahren automatisch ein Anreiz gesetzt wird zum fallpauschalenverträglichen Frühableben der Patienten. Das sollte sich in Deutschland und anderswo verbieten«, sagte er gegenüber *Report München*.

Eine solche Diskussion macht uns wütend. Unser Gesundheitswesen setzt sogar Sterbende unter Zeit- und Kostendruck. Wollen wir akzeptieren, dass es in einer zivilisierten mitteleuropäischen Gesellschaft Anreize zum fallpauschalengerechten Frühableben gibt? Eine menschenwürdige Versorgung des zu Ende gehenden Lebens müssen wir uns leisten können und wollen. Denn jeder von uns muss einmal sterben. Es geht nur um die Frage »wie«! Gute Palliativmedizin achtet das Selbstbestimmungsrecht von Kranken. Ziel ist es, den Patienten ein möglichst beschwerdefreies Leben bis zuletzt zu ermöglichen. Diese Kultur muss in jedes Pflegeheim einziehen. Denn die Bewohner werden mit großer Wahrscheinlichkeit in den Einrichtungen auch versterben. Daher müssen sich Angehörige bei der Heimplatzsuche die Frage stellen, ob hochbetagte Menschen hier bis zum Ende gut leben und in Würde schmerzfrei sterben können.

In gutgeführten Pflegeeinrichtungen ist das der Fall. Hier muss niemand alleine sterben. Das belegt der

Fall von Herrn S., der im ARD-Film »Die Pflege-Oase – ein Heim geht neue Wege« vorgestellt wurde. Wir haben seine letzten Lebenswochen in der »Villa am Buttermarkt« im rheinland-pfälzischen Adenau begleiten dürfen. Herr S. war wegen diverser Krankheiten und Atemproblemen im Krankenhaus. Überraschend kehrte er ins Pflegeheim zurück, ohne dass ihn die Klinik wieder angekündigt hätte. In der Einrichtung verschlechterte sich sein Gesundheitszustand schon nach kurzer Zeit wieder bedenklich. Er hatte Schweißausbrüche und Atemprobleme. Was war zu tun? Heimleiterin Margarete Scherer-Vehrs und ihre MitarbeiterInnen kümmerten sich sofort um den Notfall. Die erfahrene Krankenschwester hätte ihn aus medizinischer Sicht eigentlich gleich wieder ins Krankenhaus zurückschicken müssen. Doch der Patient wehrte sich. Herr S. wusste, wie es um ihn stand, als er den Wunsch äußerte, bleiben zu dürfen. Jetzt stand die Heimleiterin vor einer schwierigen Entscheidung. Sollte sie den Patienten gegen seinen Willen wieder ins Krankenhaus schicken? Sollte sie ihn hier im Heim behalten mit dem Risiko, einen Fehler zu machen? Sollte sie riskieren, dass der Patient womöglich jetzt im Heim stürbe? Margarete Scherer-Vehrs ließ erst einmal den Hausarzt anrufen. Doch der konnte wegen voller Praxis nicht kommen. Derweil maß die Heimleiterin den Blutdruck des Patienten und linderte seine Atemnot durch Sauerstoff. Dann wollte sie ihm ein Medikament verabreichen, das Linderung versprach. Aufgrund der Nebenwirkungen wollte sie den Einsatz der Medikation aber zuvor mit dem Hausarzt absprechen. Der verweigerte in einem zweiten Telefonat seine Zustimmung. Der Blutdruck des Patienten sei zu niedrig. Dann versprach er, irgendwann am Nachmittag im Heim vorbeizukommen. Gott sei Dank ging alles gut.

Zwei Tage später hatte sich Herr S. wieder erholt. Im Rollstuhl wollte er einen Ausflug an die frische Luft machen. Der Wunsch wurde ihm selbstverständlich erfüllt. Derweil hatte Margarete Scherer-Vehrs Nachricht vom Krankenhaus bekommen. Für die Ärzte galt Herr S. als austherapiert. Er war zum Sterben zurück ins Heim geschickt worden. Warum hatte man das Heim nicht darüber informiert? Die Heimleiterin wollte Herrn S. jetzt die letzten Tage so angenehm wie möglich machen. Als sie am gleichen Tage noch einmal mit ihm sprach, erzählte er ihr, dass er sich hier wie »zu Hause« fühle. Wenige Tage danach verschlechterte sich der Gesundheitszustand von Herrn S. erneut. Tag und Nacht war jetzt jemand an seinem Bett. Er bekam Morphium und eine Schmerztherapie. Herr S. starb nicht allein. Eine Schwester hielt ihm beim letzten Atemzug die Hand. Sein Bett wurde nach seinem Tod würdevoll dekoriert. Das ganze Heim trauerte um ihn. Warum dürfen Menschen nicht überall so würdevoll, schmerzfrei und friedlich gehen?

Zu palliativgeriatrischer Versorgung und einer guten Hospizkultur gehören auch eine fachärztliche Versorgung, therapeutische und psychologische Begleitung. Soziale und seelische Nöte, vor allem aber Schmerzen und Symptome sollen gelindert werden. Wir begreifen nicht, warum das Konzept der palliativen

Geriatrie nicht längst flächendeckend umgesetzt ist. In vielen Heimen sind wir noch weit von diesen Ansprüchen entfernt, bestätigen uns auch Pflegekräfte: Es sei unerträglich, einem Sterbenden in der letzten Phase seines Lebens nicht die Hand halten zu können, nur weil keine Zeit da sei. Ein Pfleger schrieb uns:

»An Sterbebegleitung ist im Entferntesten nicht zu denken. Der Stationstrott geht unermüdlich weiter. In meiner elfjährigen Tätigkeit konnte ich nur ein einziges Mal einen sterbenden Menschen so begleiten, wie ich es gelernt habe, wie ich es bei meiner Familie tun würde und wie ich es selbst gern hätte. Das ist sehr frustrierend und abschreckend.«

Auch im ambulanten Bereich gibt es viele Probleme mit der Umsetzung der Spezialisierten Ambulanten Palliativversorgung (SAPV). Darauf machte die Deutsche Stiftung Patientenschutz im Februar 2013 aufmerksam:

»Seit sechs Jahren gibt es den Rechtsanspruch auf SAPV. Der Gesetzgeber wollte damals jährlich 80 000 Menschen mit schwersten Symptomen durch bundesweit 330 speziell ausgebildete Teams versorgen. Sie bestehen aus Ärzten, Pflegekräften und Sozialarbeitern. So ist es möglich, dass sie bei Bedarf die komplette medizinische und pflegerische Versorgung der Patienten übernehmen können. Ziel war es, eine solche umfassende Versorgung zu Hause und im Pflegeheim möglich zu machen.

Der aktuelle Bericht zeigt jedoch ein anderes Bild: Maximal 50 Prozent der Menschen, die diese speziellen palliativen Leistungen benötigen, erhalten sie tatsächlich. Selbst diese Zahlen sind geschönt. Denn es werden nur Abrechnungsfälle gezählt. Wenn ein Patient zum Beispiel in zwei Quartalen SAPV erhält, wird er zwei Mal gezählt. Ebenso kommen diese Leistungen nur in wenigen Fällen aus einer Hand.
Von einer bundesweiten Versorgung kann nicht die Rede sein. In Westfalen-Lippe leben 8,3 Millionen Menschen. Es gibt aber nur zwei SAPV-Teams. In Bayern leben 12,5 Millionen Menschen, von 71 Landkreisen haben nur 13 ein SAPV-Team. Beispiel Baden-Württemberg: Von 35 Landkreisen haben nur 14 ein SAPV-Team. Diese Zahlen zeigen, dass wir noch weit davon entfernt sind, 80 000 Schwerstkranke im Jahr mit diesem besonderen Angebot zu erreichen.«

Daraus wird deutlich, dass der Rechtsanspruch auf SAPV für viele Patienten ein leeres Versprechen ist.

»Auch wenn sie es wollen, können sie wegen fehlender Angebote diese Leistungen gar nicht in Anspruch nehmen. Es war geplant, dass für je 250 000 Einwohner ein SAPV-Team zuständig ist. Die Zahlen zeigen aber ein anderes Bild«, erklärte die Stiftung Patientenschutz weiter.

Wie lange wird Bundesgesundheitsminister Bahr diesem Systemversagen weiter zuschauen? Wie lange müssen Menschen in Deutschland leiden, bis endlich der Rechtsanspruch Realität wird? Bei diesem Thema sind alle Beteiligten in der Pflicht: Kassen und Leistungsanbieter. »Es ist genug! Auch alte Menschen haben Rechte.«

10. Grundrecht auf altersspezifische haus- und fachärztliche Versorgung in Heimen

1992 wurde von Renate Beckmann an der Universität Köln eine enorm wichtige Dissertation eingereicht. Die Doktorandin untersuchte, wie pflegebedürftige Menschen in einem Alten- und Pflegeheim versorgt werden. Das Ergebnis, vor mittlerweile 21 Jahren veröffentlicht, spricht von einer »suboptimalen, wenn nicht gar unzureichenden Qualität der ärztlichen Behandlung in vielen Heimen für ältere Menschen«. Beckmann bemängelte schon damals, dass »weder die kassenärztliche Vereinigung noch gesetzliche Krankenkassen« es als »ihre ureigene Angelegenheit« betrachten, »einen höheren Qualitätsstandard ärztlicher Behandlung in den Heimen durchzusetzen«. Mit anderen Worten: Bereits 1992 wurde wissenschaftlich festgestellt, dass die ärztliche Versorgung in Pflegeheimen schlecht ist. Da Politik und die Beteiligten im Pflegesystem dieser Analyse offensichtlich keine große Relevanz einräumten, gab es weitere Untersuchungen. Völlig überraschend brachten diese ähnliche Ergebnisse ans Tageslicht. 2005 veröffentlichte zum Beispiel der Vincentz Verlag eine *Studie zur ärztli-*

chen Versorgung in Pflegeheimen. Autoren waren die frühere Gesundheitsministerin Ursula Lehr (CDU), die ehemalige Bundesseniorenministerin Hannelore Rönsch (CDU), die Pflegewissenschaftlerin Christel Bienstein und der Epidemiologe Johannes Hallauer. Die repräsentative Untersuchung kritisiert vor allem die fachärztliche Versorgung in Pflegeheimen:

»Die fachärztliche Versorgung weist erhebliche Lücken auf. So fehlt die Versorgung mit Frauenärzten, Augenärzten und HNO-Ärzten fast völlig. Die Betreuung durch Urologen und Orthopäden ist unzureichend. Von Neurologen und Psychiatern werden nur 1/3 der Bewohner erreicht. Die zahnärztliche Betreuung ist vielfach nicht sichergestellt.«

Auch diese Studie ist jetzt acht Jahre alt. Obwohl die Defizite seit vielen Jahren bekannt sind, hören wir täglich von Problemen, gerade bei der fachärztlichen Versorgung. Wie schlimm es enden kann, wenn kein Zahnarzt ins Heim kommt, beschreibt eine E-Mail einer Angehörigen, die von ihrer Mutter erzählt. Seit längerem wartet sie auf eine neue Zahnprothese:

»Sie nuschelte, und wir hatten Mühe, sie zu verstehen. Sie wollte bei jedem unserer Besuche sofort einen Spiegel und verlangte dann von uns, dass wir ihr zumindest die Oberkiefer-Prothese einsetzten. Wir haben es immer wieder versucht, es war aber nicht möglich, weil sie nicht mehr passte. Daraufhin haben wir das Pflegepersonal und die damalige Leiterin der Abteilung gebe-

ten, die Mutter entweder zu einem Zahnarzt zu bringen oder einen ins Heim kommen zu lassen. Bisher leider ohne Erfolg. Wir wurden immer wieder mit den Aussagen abgespeist, man würde sich darum kümmern. Als wir massiver intervenierten, hieß es, der Betreuer sei informiert und man warte auf seinen Bescheid. Im Dezember 2012 wurde uns von einer Pflegekraft versichert, es würde alles laufen, wir bräuchten uns nicht darum zu kümmern. Fakt ist, dass meine Mutter bis heute, fast neun Monate, ohne Zähne ist.«

Fast neun Monate ohne Zähne? Das ist doch völlig inakzeptabel! Was wäre, wenn ein Kind neun Monate lang nicht zum Zahnarzt dürfte? Welchen Aufschrei hätte es gegeben, wenn man die Zahnschmerzen eines süßen Eisbären im Zoo so lange nicht behandelt hätte? Wir prophezeien, dass die verantwortlichen Eltern oder der Leiter des Tierparks mit Konsequenzen hätten rechnen müssen. Bei alten Menschen kann das offensichtlich doch mal passieren. Hier haben alle versagt: der gesetzliche Betreuer, das Heim und die Ärzte, die nicht ins Heim kamen. Das empört uns. Warum verbessert sich die ärztliche Versorgung in Pflegeheimen dennoch nur schleppend, trotz vieler wissenschaftlicher Untersuchungen? Die Selbstverwaltung scheint hier zu versagen. Viele Ärzte beklagen sich, dass Heimbesuche unzureichend honoriert würden, und gehen deshalb nicht so oft und nicht so gerne dorthin. Die Kassenärztlichen Vereinigungen klagen sowieso immer über Geldmangel. Und viele Krankenkassen schauen bei diesem unwürdigen Spiel nur zu.

Es geht auch anders. Seit 1998 zum Beispiel in Berlin. Mittlerweile arbeiten 38 Pflegeeinrichtungen der Hauptstadt mit im sogenannten Berliner Projekt. Mit dabei sind auch die Krankenkassen und die Kassenärztliche Vereinigung. Auf der Internet-Homepage (www.berliner-projekt.de) wird das Konzept detailliert beschrieben.

»In den Einrichtungen ist die ärztliche Betreuung fest integriert. Anders als in üblichen Senioren- und Pflegeheimen arbeiten hier fest angestellte Ärzte und niedergelassene Ärzte mit besonderen Kooperationsvereinbarungen. Für die Bewohner ein großes Plus, schließlich kennt der Arzt die Krankengeschichte genau, ist immer erreichbar. Die Mediziner sind zum Teil auf Geriatrie (Altersheilkunde) spezialisiert. Durch die regelmäßigen ärztlichen Untersuchungen werden Verschlechterungen im Gesundheitszustand der Bewohner schnell erkannt und behandelt. Der Arzt kann die Wirkung der verordneten Therapien sofort überprüfen und bei Bedarf anpassen. Bei Notwendigkeit werden Fachärzte hinzugezogen. Mindestens einmal in der Woche erfolgt eine Regelvisite. Das Team aus Ärzten, Therapeuten und Pflegepersonal kann so ganz individuell auf den einzelnen Bewohner eingehen und Krankheitsfälle ausführlich besprechen. Nicht zu unterschätzen – gerade bei älteren Menschen – ist, dass sie die Mediziner, Therapeuten und Pflegekräfte kennen, sich also nicht ständig auf neue Personen einstellen müssen. Und noch ein großes Plus hat die medizinische Betreuung vor Ort: Krankenhauseinweisungen können oft vermieden

werden. Der Bewohner bleibt – auch im akuten Krankheitsfall – so lange wie möglich in seiner gewohnten Umgebung, kennt seinen Arzt und seine Betreuer. Und im Notfall ist der Arzt sofort am Bett.«

Inzwischen gibt es außer in Berlin auch in einigen anderen Regionen festangestellte Heimärzte, Praxisverbünde oder andere funktionierende Ärztekooperationen. Von einer flächendeckenden Versorgung sind wir aber noch meilenweit entfernt.
Deshalb fragen wir uns: Warum wird das »Berliner Projekt« nicht sofort bundesweit kopiert? Es hat nur Gewinner. Die Ärzte werden besser bezahlt, die Kassen sparen jedes Jahr Millionenbeträge ein (weil die alten Menschen nicht mehr unsinnig von den Pflegeheimen in die Krankenhäuser gekarrt werden), und den alten Menschen geht es viel besser als in vergleichbaren Einrichtungen. Warum kopiert Gesundheitsminister Bahr nicht einfach den Internet-Text des Berliner Projekts und macht daraus ein Gesetz? Wir verstehen nicht, warum er die Sache nur halbherzig angeht. Im Februar 2013 äußert sich das Ministerium im Netz zum Thema Heimarzt:

*»Den Pflegeheimen **ist es möglich, unter bestimmten Voraussetzungen** eine Ärztin oder einen Arzt anzustellen. In der Praxis erfolgt die ärztliche Versorgung in Pflegeheimen derzeit jedoch nahezu ausschließlich durch niedergelassene Ärztinnen und Ärzte.*
*Die Pflegekassen **sollen darauf hinwirken,** dass stationäre Pflegeeinrichtungen Kooperationen mit örtlichen,*

niedergelassenen Ärztinnen und Ärzten eingehen. Die Pflegeeinrichtungen ***können*** *bei entsprechendem Versorgungsbedarf Kooperationsverträge mit dafür geeigneten vertragsärztlichen Leistungserbringern schließen.* ***Möglich sind auch gemeinsame Kooperationsverträge*** *mehrerer Pflegeeinrichtungen. Auf Antrag der Pflegeeinrichtung muss die Kassenärztliche Vereinigung solche Kooperationsverträge vermitteln, um eine ausreichende ärztliche Versorgung von pflegebedürftigen Versicherten in der Pflegeeinrichtung sicherzustellen. Kommt ein Kooperationsvertrag nicht innerhalb einer Frist von sechs Monaten zustande, ist die Pflegeeinrichtung vom Zulassungsausschuss zu ermächtigen, eine Ärztin oder einen Arzt anzustellen. (...) Bessere finanzielle Anreizmöglichkeiten* ***sollen*** *dafür sorgen, dass verstärkt Haus- bzw. Heimbesuche durch die Ärztin/den Arzt bzw. die Zahnärztin/den Zahnarzt durchgeführt werden. Mit diesen Regelungen wird die pflegerische Versorgung weiterentwickelt und die medizinische Versorgung in den Pflegeheimen verbessert. (...) Ärztinnen und Ärzte sowie Pflegeheime verfolgen dabei* ***gemeinsame Versorgungsziele,*** *wie gemeinsame Visiten bzw. Fallbesprechungen, Vermeidung von Krankentransporten und unnötiger Krankenhausaufenthalte, Sicherstellung der ärztlichen Versorgung auch nach 22 Uhr und am Wochenende.«*

Unverbindlicher geht es kaum. Daniel Bahr verwendet viele Weichmacherworte wie »sollen«, »unter bestimmten Voraussetzungen« und »können«. Die Selbstverwaltung von Ärzten und Kassen, die schon in der

Vergangenheit unfähig war, Lösungen umzusetzen, kann fast genauso weitermachen wie bisher. Eine flächendeckende ärztliche Versorgung in Pflegeheimen liegt in weiter Ferne. Und was ist mit der Nachtdienstpflicht für Ärzte, die im letzten Absatz des Bahr-Schreibens im Internet erwähnt ist? Im Mai 2012 votierten, laut *Ärzte-Zeitung*, die Mediziner vehement dagegen. »Es sei ausreichend, wenn es für die genannten Zeiten Rufbereitschaften gebe oder der ohnehin bestehende, ebenfalls von den Kassenärztlichen Vereinigungen organisierte Notfalldienst in Anspruch genommen werde«, heißt es dort. Daraus wird eine Haltung deutlich, die alten Menschen Angst machen muss!

Fazit: Seit über zwei Jahrzehnten gibt es eine gespenstische, beschämende, würdelose und ideologisierte Experten-Debatte um die Verbesserung der medizinischen Versorgung alter und pflegebedürftiger Menschen. Unzählige Studien, Projekte und Modelle wurden flächendeckend umgesetzt und realisiert. Viel Geld, das sind die Lehren aus dem Berliner Projekt, könnten alle Beteiligten sparen und damit womöglich eine flächendeckende ärztliche Versorgung finanzieren. Es besteht dringender Handlungsbedarf. Die vielfältigen Probleme einer unzureichenden medizinischen Versorgung in Pflegeheimen sind nicht mehr wegzudiskutieren. Alle wissen Bescheid. »Es ist genug! Auch alte Menschen haben Rechte.«

11. Grundrecht auf altersspezifische pflegerische und ärztliche Versorgung in Krankenhäusern

Wir besuchen eine 90-jährige Frau im Krankenhaus. Sie ist blind, liegt im Bett. Zähne hat sie schon lange nicht mehr. Ohne Gebiss, das wurde nämlich im Pflegeheim vergessen, liegt sie allein in ihrem Einzelzimmer, das die Atmosphäre eines Sterberaumes ausstrahlt. Die Infusionsflasche ist längst durchgelaufen. Niemand befreit sie davon. Die Notrufklingel ist so weit weg, sie kann niemanden um Hilfe bitten. Auf dem Nachttisch steht eine Flasche abgestandenes Leitungswasser, aber kein Glas, aus dem sie trinken könnte. Frau M. ist eine bescheidene Frau, und dennoch ist sie verzweifelt. Sie erzählt uns, dass sie Durst habe, aber sich nicht bemerkbar machen könne. Wir haben beim Pflegepersonal einen Schnabelbecher angefordert. Doch das abgestandene Wasser schmeckt ihr nicht. Erst als wir ihr Mineralwasser besorgen, trinkt sie Schluck um Schluck fast eine ganze Flasche. Als wir eine Schwester damit konfrontierten, sagte sie nur, dass das Pflegepersonal hoffnungslos überlastet sei. Beim Gehen baten wir sie, der alten Frau doch ein Getränk mit Geschmack oder einen Tee zu bringen. Ob sie es gemacht hat oder nicht, konnten wir leider nicht mehr überprüfen.

Diese Geschichte erinnert eher an ein Flüchtlingslager in Eritrea als an ein deutsches Krankenhaus. Die geschilderten Zustände aber sind in Kliniken vielfach

Alltag. Dabei ist diese alte Frau eigentlich gar kein »Problemfall«. Sie kann noch selbständig essen und trinken. Viel schlimmer wird es, wenn man auf die vielen Demenzpatienten in den Krankenhäusern schaut. Kleinigkeiten genügen, um deren Welt aus den Fugen zu bringen. So können bereits minimale Veränderungen fatale Auswirkungen haben. Eine Frau zum Beispiel hat ihr Leben lang morgens immer einen Löffel Kaffeeweißer in den Kaffee geschüttet. Ohne Kaffeeweißer konnte es für sie kein Morgen sein. Aber das wusste das Pflegepersonal im Krankenhaus nicht, weil es nicht richtig informiert wurde. Als sie nach der Behandlung ihres Armbruchs die Klinik verließ, war sie verwirrter als zuvor, berichtete die *Süddeutsche Zeitung* 2012. Der Artikel geht auch auf eine Untersuchung der Pflegewissenschaftlerin Christiane Kugler ein. Sie habe mit ihren Studenten eine qualitative Umfrage durchgeführt: »Erkranken demente Patienten an Lungenentzündung und werden im Heim versorgt, endet die Krankheit zu 17 Prozent tödlich. Wird die Pneumonie im Krankenhaus behandelt, beträgt die Sterberate 37 Prozent.« Wie ist dies zu bewerten? Ist die Schwere der Erkrankung oder eher die mangelnde (pflegerische) Versorgung im Krankenhaus dafür verantwortlich? Das lässt sich nicht abschließend beantworten.

Fakt aber ist: Der Betreuungsaufwand für Demenzpatienten ist viel höher als bei Pflegebedürftigen mit körperlichen Gebrechen, und es werden schon bei der Aufnahme der Patienten Fehler gemacht. So werden immer wieder wichtige biographische Informationen der altersverwirrten Menschen nicht eingeholt. Viele Krankenhausärzte sind zwar fachlich gut ausgebildet, ihnen fehlen aber Kenntnisse im Umgang mit altersverwirrten Menschen. Ein guter Mediziner im Krankenhaus zeichnet sich auch durch Kenntnisse im Fachgebiet der Geriatrie aus. Viel zu viele Ärzte sind hier aber wenig firm. Die Probleme müssen dringend gelöst werden, denn die Zahl der Demenzpatienten wird bis 2030 vermutlich auf 1,7 Millionen ansteigen. Wie gehen wir mit ihnen in Zukunft im Krankenhaus um? Das wird eines der wichtigsten Themen der nächsten Jahre werden. Schon heute aber müssen wir über eine unbequeme Wahrheit sprechen.

Die Angehörigen müssen, wenn Vater oder Mutter ins Krankenhaus kommen und Hilfe beim Essen oder Toilettengang benötigen, täglich manchmal mehrere Stunden anwesend sein. So können möglicherweise schlimme Folgen von Vernachlässigung und mangelhafter Pflege abgemildert werden. Denn in Krankenhäusern heißt es bei unruhigen Demenzpatienten oftmals noch viel schneller als in Pflegeheimen: »Dann wird er eben fixiert und bekommt eine Magensonde.« Menschen mit der Diagnose Demenz haben einen so hohen Pflegebedarf, dass sie unserer Ansicht nach derzeit nicht angemessen in einem Akutkrankenhaus versorgt werden können. Es fehlt an Personal und an entsprechend ausgebildeten Pflegerinnen und Pflegern. So kommen immer wieder verzweifelte Hilfeschreie von Angehörigen von Krankenhauspatienten bei uns an. Sie müssen endlich ernst genommen werden:

»Was wir dort erleben, grenzt an Körperverletzung. Die Schwestern sind richtig grob zu ihm, was ich auch selbst erlebt habe. Er liegt oft stundenlang im Bett und bekommt nichts zu trinken. Füttern tun sie sowieso nicht. Was wir Angehörigen tun, wenn jemand von uns da ist. Grundsätzlich kein Problem, aber wenn niemand von uns dort ist, wird das Tablett nach einiger Zeit einfach wieder abgeholt, und dann bekommt er halt nichts zu essen. Einmal ist er aus dem Bett gefallen. Dabei muss er sich das Knie verletzt haben. Danach wollten ihn die Schwestern am Abend umbetten. Er jammerte, weil ihm das Knie weh tat. Darauf reagierten die Schwestern so, indem sie ihn aufs Bett zurückschubsten und sagten: ›Dann bleib in deinem Dreck liegen.‹ (...) Wir haben schon darüber gesprochen, Strafanzeige zu erstatten.«

Bei Vorträgen und Diskussionen werden wir von Angehörigen und Mitarbeiterinnen und Mitarbeitern der Altenpflege immer wieder aufgefordert, doch auch mal etwas »gegen die Krankenhäuser« zu unternehmen. Da seien die Zustände doch viel schlimmer als in Pflegeheimen. Denn Fallschilderungen über betagte Krankenhauspatienten gibt es viele. Ein weiteres Beispiel:

»Mutti hat sich sehr verändert: physisch und psychisch. Sie hat wenig gegessen, über 5 kg abgenommen und auch wenig getrunken. Wie befürchtet, gab es auch keine Bettgitter. Mutti ist einmal aus dem Bett gefallen. Die Ärzte haben uns schlecht informiert, immer nur drum rumgeredet.«

Hinzu kommt: Pflege (auch schlechte Pflege) ist ein gutes Geschäft. Mitarbeiter von Pflegeheimen beklagen sich, dass sie immer wieder Patienten aus Krankenhäusern in einem schlechten Zustand bekämen. Diese würden häufig, weil man die Pflege erleichtern wolle, mit einer Magensonde versorgt oder litten unter Druckgeschwüren (Dekubitus). Wenn wir dann fragen, warum sie dagegen nichts unternehmen, sagt man uns immer wieder: »Das dürfen wir nicht, denn sonst bekommen wir keine Patienten mehr aus den Krankenhäusern. In der Pflege herrscht eine große Konkurrenz.« KlinikvertreterInnen sagen oft, dass die Menschen mit Pflegemängeln aus den Pflegeheimen kämen. Sie würden aber deshalb schweigen, weil Pflegeheime gute Kunden seien. Unter der Hand wird aber eingeräumt, dass jeder Dekubitus und jeder Oberschenkelhalsbruch ein Wirtschaftsfaktor in der Chirurgie ist, der Arbeitsplätze und den Umsatz der Klinik sichert. Auch Rettungsdienste wissen über die Missstände Bescheid, schweigen aber, weil auch in ihrer Branche die Konkurrenz und der wirtschaftliche Druck hart sind. Diese Standardargumentationen wollen wir den Beteiligten nicht mehr durchgehen lassen. Denn viele Menschen kommen zum Beispiel nach einem Oberschenkelhalsbruch nie mehr auf die Beine, sterben vielleicht sogar an den Folgen, Wirtschaftsfaktor hin, Wirtschaftsfaktor her. Wahrscheinlich, sagen wir auf Vorträgen immer wieder ironisch, entstehen die Druckgeschwüre alle beim Transport. Keiner will es gewesen sein. Einige pflegebedürftige Menschen wehren sich mittlerweile gegen Krankenhauseinweisungen, zum Teil wegen grausamer Erfahrungen. Es muss sich etwas ändern. Alte Patienten müssen auch im Krankenhaus menschenwürdig versorgt werden. »Es ist genug! Auch alte Menschen haben Rechte.«

12. Grundrecht auf Kommunikation und Grundrecht auf Wahrung religiöser und kultureller Bedürfnisse

Pflegen, ohne zu reden, ist wie Trinken ohne Flüssigkeit. Trocken. Frustrierend für alle. Menschenunwürdig. Dennoch können sich in vielen Pflegeheimen Schwestern und hilfebedürftige Menschen kaum noch verständigen. Eine Pflegekraft beklagte sich zum Beispiel darüber, dass auf den Stationen vermehrt ausländische MitarbeiterInnen eingesetzt würden, die nicht oder nur schlecht Deutsch sprechen. Ein nettes Wort oder ein kurzes Gespräch mit den Bewohnern sei nicht möglich. Einige pflegebedürftige Menschen hätten inzwischen ein »Ablehnungsverhalten« gegenüber den Pflegekräften entwickelt. Wie nachvollziehbar! In einem anderen Heim hat eine Angehörige auch Probleme mit nicht Deutsch sprechendem Personal. Die Fach- und Hilfskräfte im Heim ihrer Mutter kämen vorwiegend aus Ungarn, Bulgarien und anderen osteuropäischen Ländern. »Sie verstehen kaum etwas«, schrieb sie uns. Das gegenseitige Verstehen ist aber essenziell, wenn es mehr als nur eine Satt-, Sau-

ber- und Trocken-Pflege sein soll. Pflegebedürftige müssen ihre Wünsche äußern können. Schwestern können nur helfen, wenn sie wissen, wo Pflegebedürftige »der Schuh drückt«.
Wir können nicht verstehen, wie gute Pflege möglich sein soll, wenn Pflegekräfte und Hilfebedürftige eine andere Sprache sprechen. Ohne Kommunikation ist alles nichts. Was denkt eine demente Frau, wenn sich Pflegekräfte in ihrer Gegenwart in einer Sprache unterhalten, die sie noch nie gehört hat? So kann niemals ein Vertrauensverhältnis zwischen Personal und alten Menschen aufgebaut werden. Aufgrund mangelnder Kommunikation ist die Bindung oftmals unpersönlich, Pflegekräfte verwechseln immer wieder die Namen der Bewohner. Uns ist natürlich auch bewusst, dass die osteuropäischen Kräfte hier völlig überfordert und in einer schwierigen Situation sind. Ihnen machen wir auch keinen Vorwurf. Schuld sind diejenigen, die (aus Kostengründen?) Pflegekräfte einstellen, die kein Deutsch sprechen. Hier müssen Mindestanforderungen beachtet werden, zum Beispiel ein mit Erfolg absolvierter Sprachkurs. Ausländische Pflegekräfte müssen die Grundkommunikation beherrschen und sich auch mit Ärzten und Angehörigen über den Gesundheits- und Pflegezustand der Betroffenen austauschen und Medikamentenverordnungen umsetzen können.

Nicht Deutsch sprechende Schwestern sind oftmals verunsichert, sagen kaum etwas und haben große Angst vor ihren Vorgesetzten. Sie werden immer wieder als billige Arbeitskräfte ausgebeutet, beschweren sich aber selten, weil sie sprachlich dazu nicht in der Lage sind. Um keine Missverständnisse aufkommen zu lassen: Ausländische Pflegekräfte sind selbstverständlich in Deutschland willkommen. Wir brauchen sie. Sie müssen aber die Sprache der alten Menschen sprechen. Wie wichtig das ist, zeigt ein weiteres Beispiel. Ein Notarzt hat uns von einer Nachtschwester berichtet, die kaum Deutsch gesprochen habe. Weil sich beide am Telefon so gut wie gar nicht verständigen konnten, habe es unendlich lange gedauert, bis er seinen Patienten endlich auf der Station gefunden habe. Nach der Behandlung habe er die Schwester gebeten, die Angehörigen zu verständigen, weil der Bewohner ins Krankenhaus eingeliefert werden musste. Sie habe ihn nicht verstanden.

Mittlerweile hören wir aber auch von Krankenhäusern, in denen nicht einmal die Ärzte richtiges Deutsch sprechen. Sie sind zwar womöglich in ihrem Fachgebiet top, aber wenn die Verständigung nicht klappt, hilft das wenig. So würden zum Beispiel Visiten immer wieder chaotisch verlaufen, weil Ärzte, Schwestern und Patienten massive Verständigungsschwierigkeiten miteinander hätten. Jeder von uns kennt das, wenn er im Ausland zum Arzt muss. Ärzte und Pflegekräfte müssen eine Sprache sprechen, die hilfebedürftige Menschen verstehen. Dieses Recht haben sie. »Es ist genug! Auch alte Menschen haben Rechte.«

Das gilt auch für die sogenannte kultursensible Alten- und Krankenpflege, die wir ausdrücklich unterstützen. Sie ist mittlerweile in aller Munde. Alltag ist sie aber noch nicht! Einst kamen sie als Gastarbeiter muslimischen Glaubens nach Deutschland. Nach wenigen Jahren wollten die meisten eigentlich wieder in die Heimat zurückkehren. Doch viele leben immer noch hier. Sie gründeten Familien, ihre Kinder und auch Enkelkinder kennen die Heimat der Eltern kaum. Jetzt leben viele pflegebedürftige Gastarbeiter in Deutschland, und deren Nachkommen kümmern sich um sie.

Bei vielen Menschen mit Migrationshintergrund gibt es Vorbehalte gegenüber deutschen Pflegediensten und Heimen. Denn sie sind unsicher, ob ihre besonderen kulturell und religiös bedingten Bedürfnisse bei der Pflege und Betreuung berücksichtigt werden. Eine kultursensible Pflege ist daher eine wichtige Voraussetzung für eine professionelle Pflege von Menschen mit Migrationshintergrund. Zu begrüßen ist deshalb, dass es immer mehr interkulturelle Pflegedienste in Deutschland gibt. Bei der Pflege zum Beispiel muslimischer alter Menschen muss man auf spezielle Umgangsformen achten, z. B. wem man die Hand gibt, und auf Gebetszeiten. Wir fordern hier natürlich den »Einsatz von muttersprachlichen Pflegekräften«, damit die individuellen Bedürfnisse bei der Pflege und Versorgung berücksichtigt werden. Zu diesem Zweck wird in einem Erstgespräch ausführlich nach den Wünschen der pflegebedürftigen Personen gefragt.

Auch unterstützen wir muttersprachliche Beratungsangebote in allen Sprachen, die Ausbildung von ehrenamtlichen Pflegelotsen, Seniorenpaten, den Einsatz von Übersetzungshilfen, die Berücksichtigung von kulturell oder religiös bedingten Ernährungswünschen und internationale Kulturwochen.

Eigentlich ist die Sache ganz simpel. Alle pflegebedürftigen Menschen haben dieselben Forderungen an eine gute und menschenwürdige Pflege, ganz gleich, welchen Glauben sie haben. Sie wollen entsprechend ihrer Lebensgeschichte (Biographie) versorgt werden. Wer sein Leben lang spät gefrühstückt hat, will das auch im Pflegeheim tun. Und wer jeden Samstag Sportsendungen geschaut hat, dem muss dieser Informationsgenuss auch im Heim gewährt werden. Es ist dabei auch völlig egal, ob die Heimbewohner türkischen, hessischen, rheinland-pfälzischen oder bayerischen Migrationshintergrund haben. Den meisten Pflegekräften hierzulande fehlt es leider an fundiertem Fachwissen, Zeit und Einfühlungsvermögen. Die offensichtlichen Probleme sind uns seit vielen Jahren bekannt, werden in Pflegefachzeitschriften, Büchern und Kongressen ständig thematisiert. Wir haben kein Erkenntnis-, sondern ein Umsetzungsproblem. »Es ist genug! Auch alte Menschen haben Rechte.«

13. Grundrecht auf Einzelzimmer

Möchten Sie im Pflegeheim später einmal mit einem Fan des FC Bayern München oder des 1. FC Kaiserslautern im Doppelzimmer liegen, wenn Sie Fan eines anderen Clubs sind? Wir als Anhänger von 1860 München und Mainz 05 nicht. Es gäbe andauernd Streit und Meinungsverschiedenheiten. Aber es gibt sicher auch noch andere Probleme, warum man nicht gern das Zimmer mit wildfremden Leuten teilen will. Natürlich kann manchmal auch ein Doppelzimmer Sinn machen, zum Beispiel dann, wenn sich ein Ehepaar das Bett immer schon geteilt und jahrelang zusammengelebt hat. Auch unser Selbstversuch in einem Hotel hat eigentlich ganz gut funktioniert. Wir, die Autoren, sind zwar miteinander befreundet. Dennoch waren wir froh, dass der Test mit dem Doppelzimmer auf eine Nacht beschränkt blieb. Es gab kleinere Einschränkungen, auf die wir aber nicht weiter eingehen wollen.

Was ist aber, wenn die Doppelzimmerbelegung zwangsweise erfolgt, ohne dass die Bewohner miteinander können? Eine Tochter erzählte uns, dass ihre demente Mutter häufig wechselnde Wohnpartnerinnen gehabt habe, mit denen sie sich eigentlich immer gut verstanden habe. Bis von einem Tag auf den anderen Frau G. eingezogen sei:

»Schon nach kurzer Zeit sind Pflegerinnen (...) auf mich zugekommen und haben mir erzählt, dass diese Frau G., ebenso wie meine Mutter dement, sich sehr

schlecht benehme und meine Mutter darunter sehr litte. Meine Mutter selbst machte mir immer wieder klar, dass sie Angst vor ihrer neuen Mitbewohnerin habe. (...) Da ich von der Heimleitung keine Hilfe erhoffte, sprach ich mit dem Sohn von Fr. G., der aber meinte, seine Mutter fühle sich wohl und er würde noch abwarten. (...) Da Hr. G. immer wieder auf seine Mutter einwirkte, um eine Verhaltensänderung zu bewirken, stellte dessen Mutter ihr Verhalten um und glaubt nun, meine Mutter sei ihre Tochter. Dies hat zur Folge, dass meine Mutter, die viel mehr Schlaf und Ruhe als Frau G. braucht, ständig von dieser gestört wird und nicht mehr zur Ruhe kommt. Meine Mutter nahm in der Folgezeit sichtbar ab, laut Wiegeprotokoll ca. 10 kg. (...) Schon vor Wochen habe ich mich bei der Heimleitung, Frau K., telefonisch über diese Zustände beschwert. (...) Noch am gleichen Tag rief mich Fr. K. zurück und bestätigte mir ausdrücklich meine ganzen Angaben: Meine Mutter sei körperlich und psychisch völlig überfordert mit ihrer Zimmergenossin. (...) Auch zu erwähnen ist, dass meine Mutter, damit sie einigermaßen ihr Gewicht hält, fast nur noch Süßspeisen zu den Hauptmahlzeiten bekommt und im Speisesaal, wo sie sich immer aufhalten muss, angeschnallt wird. Meine Mutter wehrt sich gegen diese Maßnahme. Ihr Bett nennt sie ›Käfig‹, da die Gitter hochgezogen werden. Vom Heim versprochene verbessernde Maßnahmen konnte ich nie beobachten.«

Jetzt soll die Mutter verlegt werden. Sie bekomme das Zimmer nebenan, müsse sich aber weiter mit Frau

G. das Badezimmer teilen. Dagegen wehrte sich die Angehörige vehement: Jetzt droht ihr ein Hausverbot. Solche Fälle gibt es viele. Doppelzimmer sind nur dann geeignet, wenn alle Parteien damit einverstanden sind. Wer dauerhaft auf engstem Raum mit einer Person, mit der er sich gar nicht versteht oder von der er sich gestört fühlt, zusammenleben muss, wird krank. Daher gibt es zum Beispiel im Baden-Württemberg bereits das Recht auf Einzelzimmer in Pflegeheimen. Viel zu oft aber werden Menschen zusammengesteckt, die sich im wahrsten Sinne des Wortes »nicht riechen« können. »Es ist genug! Auch alte Menschen haben Rechte.«

14. Grundrecht auf aktivierende Pflege, Prävention und Rehabilitation

Wir haben Fotos gesehen, bei denen es uns schlecht wurde. Bilder, die ein Gerichtsmediziner geschossen hatte. Es beschleicht einen das Gefühl, dass man sich in einem Raum aufhält, in dem es nach verfaultem Fleisch riecht. Die verstorbenen Patienten stammten aus Pflegeheimen. Die Bilder zeigten Menschen mit schlimmen Dekubitalgeschwüren, also offenen Wunden, die extrem schmerzhaft sind, und Personen mit schweren Kontrakturen (Versteifungen der Gelenke). Vielfach entstehen solche Druckstellen durch Pflegefehler, weil Menschen nicht oft genug umgelagert wurden und zu lange in einer Position lagen oder sa-

ßen. Solch ein Dekubitus könne im Pflegealltag schon mal passieren, hören wir immer wieder. Das dürfe man nicht skandalisieren. Die Personen seien ja auch schon sehr alt und immobil gewesen.
Darf es so weit kommen? Können solche Verletzungen nicht verhindert werden? Im Sozialgesetzbuch wurde der Grundsatz »Prävention vor Rehabilitation vor Pflege« festgeschrieben. Dieser Grundsatz ist wichtig. Umgesetzt ist er aber noch lange nicht. Wir sind der Auffassung, dass durch Prävention und Rehabilitation die meisten Druckgeschwüre und Kontrakturen verhindert werden könnten und auch müssten. Allein schon die Tatsache, dass in vielen Pflegeheimen den Bewohnern alle Tätigkeiten, die sie noch selbst ausüben können, aus Zeitmangel abgenommen werden, widerspricht diesem Grundsatz. Viele Patienten würden gerne noch backen, kochen, sich bewegen oder selbst essen. Wir verstehen nicht, warum viele Heime die alten Menschen in ihren Wünschen und Bedürfnissen nicht mehr unterstützen.
Lange haben wir uns auch gefragt, warum in Deutschland die gesetzliche Vorgabe »Prävention vor Rehabilitation vor Pflege« so schlecht funktioniert. Wir haben darauf nur eine Antwort: Solange an den Folgen schlechter Pflege viel Geld verdient werden kann, wird die Vorgabe nicht beachtet werden. Wir haben in Deutschland ein völlig falsches Anreizsystem. Pflege zu Hause wird immer noch schlechter honoriert als die Versorgung durch professionelle ambulante Pflegedienste. Am meisten Geld gibt es für Pflege im Heim, obwohl doch niemand ins Pflegeheim möchte.Und: Je

höher die Pflegestufe ist, desto mehr Geld zahlt die Pflegekasse. Wer also viel Geld aus dem System holen will, hat ein Interesse, dass die Bewohner möglichst unselbständig sind und im Heim in die Pflegestufe zwei oder drei gelangen. Das empört uns.
So war die Leitung eines Pflegeheimes froh, schrieb uns eine Schwester, dass eine demente Bewohnerin endlich von Pflegestufe zwei in Pflegestufe drei hochgestuft wurde und ihr der maximale Satz zustand. Das war am Tag der Einstufung offensichtlich auch gerechtfertigt. Doch kurz danach kam es zu einem kleinen Wunder: Durch aktivierende Pflege und durch mehr Betreuung konnte die demente Frau plötzlich wieder alleine essen und trinken. Die Pflegekräfte waren sich sicher, dass die Frau durch die gute Versorgung jetzt wieder zurückgestuft werden würde, weil der Hilfebedarf kleiner wurde. Damit bekäme die Einrichtung aber auch wieder weniger Geld von der Pflegekasse. Kurz gesagt: Das Pflegen »in die Betten« ist wirtschaftlich lukrativer. Schlechte Pflege wird finanziell belohnt, gute Pflege wird bestraft. Absurde Wirklichkeit!
Dass es die Politik in keiner der vielen Pflegereformen bislang geschafft hat, Kranken- und Pflegeversicherung zusammenzulegen, ist ein Konstruktionsfehler unseres Systems, den viele hilfebedürftige Menschen heute ausbaden müssen. Warum ist uns dieser Punkt so wichtig? Wenn pflegebedürftigen Menschen Rehabilitationsmaßnahmen gewährt werden, müssen die von der Krankenkasse bezahlt werden. Von der Verbesserung des Gesundheitszustandes der Patien-

ten durch Reha-Maßnahmen aber profitiert nur die Pflegekasse. Sie muss dann weniger Geld für Pflegebedürftige ausgeben, weil hilfebedürftige Menschen in eine günstigere Pflegestufe eingruppiert werden. Ein echter Anreiz für mehr Prävention und Rehabilitation nützte also nur der Pflegekasse. Die Krankenkassen aber müssen diese Maßnahmen bezahlen. Aus Krankenkassenfunktionärssicht entstehen hier nur Kosten. Andere Vorteile gibt es kaum. Dass aber das ganze System davon profitieren würde, daran denken Politik, Kassen- und Pflegefunktionäre viel zu wenig. Natürlich ist allen Beteiligten klar, dass mehr geriatrische Rehabilitation dazu beitragen könnte, Pflegebedürftigkeit zu verhindern, abzumildern oder hinauszuzögern. Das hat schon 1998 eine Modellrechnung des Kuratoriums Deutscher Altershilfe (KDA) ergeben. Sie prognostizierte damals einen Anstieg der Pflegebedürftigen um etwa 16 Prozent, wenn es keine »entscheidenden Verbesserungen bei Prävention und Rehabilitation im Alter« gebe. Dass diese Hochrechnung gar nicht so schlecht war, zeigt der Vergleich der absoluten Zahlen. Im Jahr 1998 prognostizierte das KDA für 2010 über 2 Millionen Leistungsempfänger. Aktuell spricht das Gesundheitsministerium von 2,46 Millionen Leistungsbeziehern der Pflegeversicherung. Es ist also alles noch deutlich schlimmer geworden. Kranken- und Pflegekassen müssen zusammengelegt werden. Die Forderung nach mehr Prävention und Rehabilitation ist aktueller denn je.

Auch hören wir immer wieder von Ärzten, die Reha-Leistungen ungern verordnen. Haben sie möglicherweise (berechtigte?) Ängste vor Regressforderungen durch die Kassen, weil Reha-Leistungen ihr Budget belasten? Oder kennen viele Hausärzte die Reha-Angebote im Stadtteil etwa gar nicht?

Warum werden Ergotherapeuten, Krankengymnasten, Logopäden, Beschäftigungstherapeuten, Physiotherapeuten nicht aufgewertet und deren Leistungen besser honoriert? Sie würden sich schnell bezahlt machen und auch die Pflegekräfte entlasten. Und sie würden mit ihrer wertvollen und dringend notwendigen Arbeit die Lebensqualität und Selbständigkeit pflegebedürftiger Menschen deutlich verbessern. Hier müsste in der Tat mehr Geld ausgegeben werden, um im Gesamtsystem zu sparen. Und um Menschen ein würdiges und selbstbestimmtes Leben im Alter zu ermöglichen.

Zurück zu den Bildern aus der Gerichtsmedizin. Betrachten wir sie einmal nicht unter dem Blickwinkel von Menschlichkeit, von Würde und Schmerzen, sondern unter rein ökonomischen Gesichtspunkten. Die Behandlung eines schlimmen Dekubitus kostet pro Patient oftmals eine hohe fünfstellige Summe. In vielen Fällen könnten Druckgeschwüre durch gute Pflege verhindert werden. Das würde viel weniger kosten. Es passiert aber zu selten. Man will offensichtlich nicht sparen. Wir leisten uns also den volkswirtschaftlichen Luxus teurer Dekubitus-Behandlungen, nur weil Menschen schlecht versorgt wurden. Unsere Gesellschaft akzeptiert, dass sich Menschen unnötigerweise schwer verletzen bzw. verletzt werden – sowohl

körperlich als auch in ihrer Menschenwürde. Das ist ein Skandal!
Genau derselbe Irrsinn passiert, wenn Pflegebedürftige stürzen und sich den Oberschenkelhals brechen. Von dieser Verletzung sind besonders alte Menschen bedroht. Denn sie sind häufig sturzgefährdet. Sie leiden oft unter Arthrose, haben vielleicht noch andere Krankheiten parallel, nehmen in der Regel viel zu viele Medikamente und gehen nicht mehr so sicher. Durch intensive Sturzprophylaxe (u.a. Muskel- und Koordinationstraining, Tragen von Hüftschutzhosen etc.) könnten viele Unfälle glimpflich ausgehen. Diese Prophylaxe ist um ein Vielfaches günstiger als die Behandlung eines Oberschenkelhalsbruches (Transport ins Krankenhaus, Operation, eventuell Rehabilitation). Häufig sind die Folgen eines Sturzes auch der Beginn von Pflegebedürftigkeit. Bis dahin hat die Krankenkasse womöglich Geld gespart, wenn sie auf Prävention verzichtet hat. Zahlen muss dann die Pflegekasse für die Pflegebedürftigkeit. Unter Umständen viele Jahre lang.
Fazit: Politik und Kassen leisten sich den ethisch bedenklichen »Luxus« und den volkswirtschaftlichen Irrsinn, Prävention und Rehabilitation zu vernachlässigen. Rehabilitation lohnt sich womöglich kurzfristig nicht, weil man mit schlechter Pflege »in die Betten« mehr Geld verdienen kann. Langfristig, so unsere These, werden bei gezielter, konsequenter Prävention und Rehabilitation nur die Rentenkassen und Erben belastet, weil die alten Menschen dann möglicherweise selbständig und zufrieden länger zu Hause

leben könnten. Widerlegen Sie uns! Wir hätten gerne Unrecht. »Es ist genug! Auch alte Menschen haben Rechte.«

15. Grundrecht auf den Einsatz auch osteuropäischer Pflegekräfte oder Haushaltshilfen, wenn eine Versorgung mit deutschen Helfern weder organisierbar noch bezahlbar ist

Ohne Hilfe aus dem Osten ginge es uns schlecht. Tausende Frauen aus Osteuropa versorgen unsere Angehörigen. In vielen Fällen wird diese Arbeit »schwarz« erledigt. Eine Folge davon ist: Diejenigen, die sich pflegen lassen, fühlen sich kriminalisiert und von der Politik im Stich gelassen. Darüber hat *Report Mainz* im November 2010 berichtet, unter anderem auch über eine Frau, die von heute auf morgen Hilfe für ihre Mutter brauchte. Ihre Geschwister und auch sie selbst konnten sich nicht um die alte Dame kümmern. Eine Agentur bot der Familie sofort Unterstützung an. Eine osteuropäische Hilfskraft kam gegen eine Vermittlungsgebühr von 850 Euro und kostete die Familie 200 Euro pro Woche, bar auf die Hand. Das ist Schwarzarbeit und natürlich nicht legal. Wochenlang ging alles gut, doch dann kam die Angst, erzählte sie uns: »Die Dame von der Agentur rief mich an und sagte, der Zoll stehe vor der Tür. Wir müssten die Pflegekraft anmelden. Ich hatte schlaflose Nächte,

habe nachgedacht. Wie geht es weiter? Was machen wir jetzt nur?«
Ähnliche Ängste hatte auch eine andere Tochter. Sie arbeitete mehr als 100 Kilometer vom Wohnort des Vaters entfernt. Er wurde von einer selbständigen osteuropäischen Haushaltshilfe daheim rührend versorgt. Da sich die Hilfskraft aber nur um einen Patienten kümmert, macht sich die Tochter inzwischen große Sorgen: »Ich dachte am Anfang, dass das legal ist. Zwischenzeitlich vermute ich, dass es eine Scheinselbständigkeit ist. Und die ist nicht legal. Ich weiß es nicht, ob es legal ist oder nicht.« Eine schwierige Situation für Angehörige, die für ihre pflegebedürftigen Eltern eigentlich nur das Beste wollen. René Matschke vom bayerischen Zoll erzählte im selben *Report Mainz*-Beitrag, dass der Zoll nicht initiativ auf die Suche nach illegalen Beschäftigungsverhältnissen in der häuslichen Pflege gehe. Gebe es aber konkrete Hinweise, müsse der Zoll aktiv werden: »Es gibt Nachbarn, es gibt Hinweise von anderen Pflegediensten usw. (…) Wir bekommen hier in München 250 bis 300 Hinweise auf Schwarzarbeit pro Monat. Also das Risiko, aufgedeckt zu werden, wird immer größer in Deutschland.«
Neben komplett illegalen Lösungen, der Scheinselbständigkeit, gibt es noch eine andere Möglichkeit, osteuropäische Haushaltshilfen zu beschäftigen, die zumindest auf dem Papier legal ist. Der Weg führt über das sogenannte Entsendegesetz. Deutsche Vermittlungsagenturen haben ein Netzwerk von Partnerunternehmen zum Beispiel in Polen, bei denen Haus-

haltshilfen angestellt sind. Die Agentur vermittelt diese Frauen dann als entsandte Beschäftigte in deutsche Haushalte. Der Arbeitsmarktexperte Prof. Stefan Sell von der Hochschule Koblenz findet das nicht ganz unproblematisch, denn de facto seien nicht die polnischen Entsendeunternehmen die Arbeitgeber, sondern die deutschen Kunden, da diese das sogenannte Weisungsrecht ausüben.

Das heißt: Diese Konstruktion ist nur dann legal, wenn wirklich alle Aufgaben vorher detailliert schriftlich fixiert werden. Wichtig ist, dass die Familie der Helferin keine Anweisungen erteilt. Das darf in diesem Falle nur der polnische Arbeitgeber und ist natürlich völlig praxisfern. Wenn die pflegebedürftige Frau heute ausnahmsweise Schnitzel statt Salat essen will: Wie soll der polnische Arbeitgeber davon wissen und die entsprechende Anweisung Hunderte Kilometer entfernt erteilen? »Wir haben es hier mit einer Konstruktion zu tun, einer Scheinrealität. Auf dem Papier werden die rechtlichen Bestimmungen eingehalten, und man kann dann elegant wegschauen, wenn sich die Familien anders verhalten und damit ständig gegen das Recht verstoßen. Aber auf dem Papier ist es ja eingehalten«, so Sell im Interview mit dem ARD-Politikmagazin.

Es gibt auch einen ganz legalen Weg, an osteuropäische Hilfskräfte zu kommen: über die Bundesagentur für Arbeit. Er ist aber alles andere als einfach und für viele zu bürokratisch. Hinzu kommt: Die Haushaltshilfe darf bei dieser Lösung auch nur 38,5 Stunden pro Woche arbeiten, de facto werden Helferinnen aber viel länger eingesetzt, auch in der Nacht. Nach Expertenschätzungen sind derzeit zwischen 100 000 und 150 000 osteuropäische Helferinnen in deutschen Haushalten beschäftigt, viele von ihnen illegal oder in umstrittenen Beschäftigungsverhältnissen. Ganz legal über die Bundesagentur für Arbeit vermittelt wird nur ein kleiner Teil.

Für eine rechtlich korrekte Rund-um-die-Uhr-Betreuung müssten allerdings nicht nur eine, sondern mindestens drei Kräfte im Haushalt leben. Das kann sich natürlich kaum jemand leisten. Es würde rund 10 000 Euro pro Monat kosten. Seit vielen Jahren haben sich verzweifelte und vollkommen überlastete Angehörige für »illegale Pflege aus Osteuropa« entschieden, weil sie keine andere Wahl hatten. Viele sind nach jahrelanger Pflege psychisch und auch finanziell am Ende. Für sie bedeutet es ein permanent schlechtes Gewissen, weil die Haushaltshilfen natürlich ausgebeutet werden. Es ist eine Entscheidung zwischen Pest und Cholera. Die meisten Angehörigen hätten aber ein noch schlechteres Gewissen, wenn sie die Eltern gegen ihren Willen in ein Pflegeheim geben würden. Von uns befragte Angehörige fühlen sich bei dieser wichtigen Entscheidung alleingelassen und kriminalisiert. Eine Frau sagte uns, dass das ganze System nicht stimme: »Ich bin doch kein Verbrecher.« Eine andere ergänzte, dass es kaum eine Möglichkeit gebe, »unbürokratisch und schnell an eine Hilfe heranzukommen«. Selbstverständlich sollen überlastete und überforderte Angehörige nicht angeklagt werden. Es geht vielmehr darum, endlich praktikable, flexible, entlastende und bezahlbare Angebote flächendeckend und bedarfsgerecht zu schaffen. Anstatt diese sogenannten »illegalen Helferinnen« pauschal abzuqualifizieren und gegen sie anzukämpfen, müssen wir endlich grundsätzlich unsere überholten Strukturen und Haltungen in der häuslichen wie der stationären Pflege überdenken. Die behinderten, pflegebedürftigen alten Menschen und ihre Angehörigen wollen in der Regel selbstbestimmt in ihrer gewohnten häuslichen Umgebung wohnen bleiben und gepflegt werden. »Es ist genug! Auch alte Menschen haben Rechte.«

16. Grundrecht auf ständige Überprüfung der Eignung von gesetzlichen Betreuern

Stellen Sie sich vor, Sie könnten im Alter plötzlich nicht mehr über Ihr Leben frei bestimmen. Sie könnten vielleicht nicht mehr darüber entscheiden, wo Sie wohnen und ob Sie Geld von Ihrem Konto abheben dürfen. Ein Gericht würde Ihnen einen gesetzlichen Betreuer an die Seite stellen, der nahezu alle Rechte hat. Eine solche Situation macht uns Angst. Sie können dann nur darauf hoffen, dass Sie es mit einfühlsamen, verantwortungsbewussten und engagierten gesetzlichen Betreuern und Richtern zu tun haben, die wirklich nur Ihr Bestes wollen. Es gibt solche Personen, zweifelsohne.

Die gesetzliche Betreuung ist ein schwerer Eingriff in das Persönlichkeitsrecht. Betreuer sollen dafür sorgen, dass die ihnen anvertrauten Menschen so selbstbestimmt wie möglich weiterleben können. Sie sollen deren Willen ermitteln, respektieren und erfüllen. So ist es im Betreuungsgesetz formuliert. Meist auf Antrag von Angehörigen dementer oder psychisch Kranker stellen Gerichte fest, dass Menschen nicht mehr für sich selbst entscheiden können. Eigentlich sollen Angehörige Vorrang vor professionellen Betreuern haben, aber gerade in familiären Streitfällen entscheiden sich Gerichte schnell, vielleicht zu schnell, für einen Berufsbetreuer. Zu selten, so Kritiker, würden sich Richter die Mühe machen, genau herauszufinden, wie die alten Menschen sich ihr weiteres Leben vorstellen. Möglicherweise können sie das auch nicht. Denn auf den Tischen einiger Richter stapeln sich (zu?) viele Betreuungsverfahren.

Adelheid von Stoesser ist eine kämpferische und resolute Frau. Als Vorstand der bundesweit tätigen Selbsthilfeorganisation »Pflege-SHV« kennt sie die andere Seite der Medaille. Sie beklagt, dass zu viele Betreuer die ihnen anvertrauten Menschen schnell in Pflegeheime abschieben, um die Verantwortung abzugeben. Zunehmend ist der Pflege-Selbsthilfeverband Anlaufstelle für Betroffene geworden, die an Richter oder Betreuer geraten sind, die sich über die Bedürfnisse der zu Betreuenden hinwegsetzen. Sie nehmen ihnen vielfach die wenigen Freuden und Beziehungen, die ihnen im Leben noch geblieben sind. In einem typischen Beispiel, das uns Adelheid von Stoesser überlassen hat, hat sich eine Betreuerin gerade nicht für ihren »Schutzbefohlenen« eingesetzt und sich mit der im Heim angebotenen »Satt- und Sauberpflege« zufriedengegeben:

»Herr S., 69 Jahre, Rentner, alleinstehend, wird durch einen Schlaganfall binnen weniger Tage zum Betreuungsfall. Als die Betreuung eingerichtet wurde, befand er sich noch in der Klinik und stand unter dem Schock des Ereignisses, so dass er willenlos und entscheidungsunfähig alles über sich ergehen ließ. Die Betreuerin organisierte die Übersiedlung ins Heim und löste seine Wohnung auf. Einige Monate später besuchte eine frühere Bekannte Herrn S., zunächst nur aus Höflichkeit und später aus Mitleid angesichts der Situation, die sie dort vorfand.

1. *Die Betreuerin kümmert sich nicht (...) und scheint davon auszugehen, dass er immer noch völlig dement ist und alles für ihn getan wird.*
2. *Herr S. musste mit einem alten, defekten Rollstuhl vorliebnehmen, mit dem er sich auf ebener Fläche jedoch selbst bewegen konnte. Gerne wäre er auch einmal nach draußen gefahren, doch das war ohne fremde Hilfe nicht möglich. In den anderthalb Jahren, in denen er in diesem Heim lebte, sei er ein einziges Mal von einem Pfleger in den ›Garten‹ gefahren worden.*
3. *Herr S. könnte sicherlich in vielem wieder selbständig werden, würde er fachkundig angeleitet. Warum erhält er keine Rehabilitation?*
4. *Herr S. würde gern abends einmal fernsehen, doch im Zimmer ist kein passender Anschluss für den Fernseher.*

5. Herr S. hat auch sonst keine Unterhaltungsmöglichkeiten in seinem Zimmer, das er mit einem schwerkranken, bettlägerigen Mann teilen muss, der mit offenen Augen in eine Ecke starrt und sich ansonsten nur durch lautes Stöhnen äußert. Nicht einmal ein Radio besitzt er.

Aus organisatorischen Gründen bringt das Personal ihn zwischen 18 und 19 Uhr ins Bett, wo er dann ebenfalls nur die Decke anstarren kann und hofft, möglichst bald einzuschlafen, um das Stöhnen des neben ihm liegenden Mannes nicht länger anhören zu müssen.«

Was hat das noch mit einem selbstbestimmten Leben zu tun? Ohne Lebensfreude vegetiert ein alter Mann vor sich hin und wartet auf seinen Tod. Und das, obwohl er eine gesetzliche Betreuerin hat, die sich eigentlich um seine Belange kümmern soll. Ein Einzelfall?

Es gibt Dutzende weiterer Fallschilderungen von Betroffenen, an denen sich die Problematik erklären lässt. Beispiele finden wir auch in der ARD-Sendung »Menschen bei Maischberger« im Februar 2013: Eine Mutter dreier Kinder betreute ihren pflegebedürftigen Mann, der einen Schlaganfall erlitten hatte. Gegen ihren erbitterten Widerstand wurde vom Gericht eine Berufsbetreuerin eingesetzt. Diese bekam Zugriff auf das gemeinsame Konto der Eheleute und steckte den Mann in ein teures Heim. Die Ehefrau musste zwei Jahre kämpfen, um einen Betreuerwechsel durchzusetzen. Auch eine andere alte Frau wurde gegen den

Willen der Familie in ein Heim eingewiesen, ihre Grundstücke wurden vom gesetzlichen Betreuer sogar verkauft.
In derselben Sendung sagte der Münchener Rechtsanwalt Prof. Dr. Volker Thieler, dass das geltende Recht Menschenrechte vernichte, statt sie zu schützen. Wörtlich sagte er: »Der Betreuer hat so viele Rechte, die Angehörigen haben gar keine Rechte. Die Angehörigen sind Zaungäste, die werden nicht gehört.« Die Betreuer seien sogar in der Lage, Grundstücke zu verkaufen. Sie benötigten dazu zwar eine Genehmigung vom Gericht, aber wenn sie es entsprechend darstellten, bekämen sie die auch. Thieler kritisierte außerdem, dass gesetzliche Betreuer zu schnell bestellt würden. Die Leute kämen vielfach in Krankenhäuser. Dort würden sie gefragt, ob sie eine Betreuung brauchten. Viele dächten dabei nicht an einen gesetzlichen Betreuer, sondern an eine Haushaltshilfe und stimmten deshalb zu. Thieler glaubt daher, dass in Deutschland zu viele Betreuungen angeordnet würden.
Die Zahl der gesetzlichen Betreuungen hat sich in den vergangenen 20 Jahren verdreifacht. Mittlerweile müssen sie 1,3 Millionen Menschen in Anspruch nehmen. Betreuer müssten eigentlich die Zustände in der Pflege »en détail« kennen, sowohl im Heim als auch daheim. Doch sie schweigen. Von unseren rund 50 000 Informanten haben sich kaum gesetzliche Betreuer bei uns gemeldet. Vielleicht auch deshalb, weil für viele Vertreter der Branche nicht immer das Recht der Betreuten im Vordergrund steht. Einer aber hat schriftlich ausgepackt:

»Der Verdienst von selbständigen Berufsbetreuern (...) kann nur durch die Übernahme von vielen Betreuungsverhältnissen maximiert werden. Betreuer können für ihre Bemühungen monatlich nur ein kleines, weil gedeckeltes, Stundenkontingent mit festgesetzten, relativ miesen Stundenhonoraren in Rechnung stellen. Das führt sehr oft dazu, dass für den einzelnen Betreuten lediglich Zeit für eine minimale ›Verwaltung‹ (Kontakt zu Behörden, Antragstellungen, Widersprüche etc.) zur Verfügung steht. Man kann sich vorstellen, was das für in Pflegeeinrichtungen untergebrachte Menschen, die sonst niemand haben, bedeutet. Die mehr als wichtige Betreuung durch persönliche Kontakte, Besuche und Gespräche (...) bleibt auf der Strecke. Und sehr oft kommt es zu einer ›Kumpanei‹ zwischen Betreuern und Pflegepersonal. Die ersten wollen nicht über Gebühr belästigt werden und die anderen lieben es nicht, wenn ihnen auf die Finger geschaut wird.«

Wer möchte in diesem System gesetzlich betreut werden? Bei unseren Recherchen hören auch wir immer wieder von ärztlichen Gutachten, die in Eile geschrieben würden und denen das Gericht dann einfach folge. Wir hören von überlasteten Richtern, die ihren Sorgfalts- und Prüfpflichten angesichts der Vielzahl der Fälle kaum mehr nachkommen könnten. Viele Entrechtete seien teilweise unseriösen oder untätigen Betreuern ausgeliefert, die sich nicht um deren Wohl kümmerten. Im Sinne vieler alter Menschen fordern wir vor allem in strittigen Fällen eine jährliche Überprüfung der gesetzlichen Betreuung und des gesetzlichen Betreuers. Auch hier sind kritische Angehörige die beste Kontrollinstanz. Dass eine Verbesserung der Situation betreuter pflegebedürftiger Menschen möglich sein kann, hat Adelheid von Stoesser bewiesen. Sie und ihre Mitstreiter waren im Fall des 69-jährigen Rentners nach langem Kampf tatsächlich erfolgreich.

»Wir haben Stellungnahmen und Schreiben aufgesetzt und so lange interveniert, bis die Betreuerin grünes Licht für den Wechsel in ein anderes Heim gab. Dort bekam Herr S. nicht nur ein Einzelzimmer und einen funktionstüchtigen Rollstuhl, er fühle sich hier fast wie zu Hause, weil das Heim in dem Stadtteil liegt, wo er fast jeden Baum und Strauch kennt. Täglich ist er irgendwo in der Gegend mit seinem Rollstuhl unterwegs und dank seiner fröhlichen Art überall gerne gesehen. Der Einsatz für ihn hat sich gelohnt. Die Betreuerin hätte sich und allen viel Frust und Mühe sparen können, wenn sie von sich aus festgestellt hätte, dass dieser Mann zu jung und zu aktiv ist, um den Rest seines Lebens in dem Gitterbett eines Zweibettzimmers eingesperrt zu sein.«

Gesetzliche Betreuer dürfen nur so viele »Fälle« annehmen, wie sie auch seriös bearbeiten können. Sie müssen sich um die ihnen Anvertrauten kümmern. Das ist ihre Aufgabe, deshalb gibt es sie. Wer es nicht tut, hat in diesem Beruf nichts verloren. Dieses Beispiel zeigt, dass nicht nur eine regelmäßige Kontrolle der Arbeit von gesetzlichen Betreuern erforderlich ist, sondern es müssen auch Konsequenzen folgen, wenn diese Berufsgruppe ihrer Arbeit nicht im Sinne der hilfebedürftigen alten Menschen nachkommt. »Es ist genug! Auch alte Menschen haben Rechte.«

17. Grundrecht für die Gleichbehandlung von Demenzpatienten mit allen anderen Pflegebedürftigen

Wer hat sich das System der Minutenpflege eigentlich ausgedacht? Ein Pfleger hat zum Beispiel für die »Entsorgung von Ausscheidungen und Inkontinenzartikeln« genau zwei Minuten Zeit, und er bekommt dafür 88 Cent. Für »mundgerechtes Herrichten der Nahrung und Getränke« werden fünf Minuten Arbeit und ein Erlös von 2,20 Euro zugestanden. Ein Pflegedienst stellt fürs Kämmen 88 Cent und für die Nagelpflege 1,76 Euro in Rechnung. Dieses vollkommen praxis-und realitätsferne System müsste grundlegend verändert werden. Denn es vernachlässigt die Gruppe der Demenzpatienten sträflich. Diese können sich womöglich noch selbst das Gesicht waschen und sich kämmen, aber sie brauchen Betreuung rund um die Uhr. Und die wird derzeit von der Pflegeversicherung kaum honoriert. Wenn man Demenzpatienten zum Beispiel anleitet, dass sie noch selbst essen, dauert eine Mahlzeit manchmal eine Stunde. Dafür gibt es aber kein Geld.

Der Politik ist all das bekannt. Sie weiß auch, dass die Zahl der Demenzpatienten in den kommenden Jahren dramatisch wachsen wird. Bereits heute gibt es mehr als 1,3 Millionen Altersverwirrte in Deutschland. Die Versorgung der Demenzpatienten ist eine der größten Herausforderungen der nächsten Jahrzehnte. Auch schon heute sind viele Angehörige, aber auch Pflegeheime mit der Versorgung von altersverwirrten Menschen völlig überfordert. Der Schwiegersohn einer Demenzpatientin hat sich bei uns gemeldet. Die 95-Jährige lebt auf einer Etage eines Heimes, welches mit rund 30 Patienten bzw. zu Betreuenden belegt ist.

»Meine Frau und meine Schwägerin halten sich täglich mehrere Stunden bei ihrer Mutter auf. Essen anreichen, zu Bett bringen, aber auch Windeln wechseln werden von ihnen übernommen. (...) Aus dem Gesamtbild heraus bezeichne ich die Situation als erschreckend und unwürdig. Gerade in den letzten Monaten müssen wir feststellen, dass ein Fehlbestand an Pflegekräften zu unglaublichen Situationen führt. So passiert es, dass eine einzige Pflegekraft für 30 zu Betreuende, manche in Pflegestufen, arbeitet, und diese einzige Kraft muss auch noch die Küche übernehmen, das Essen vorbereiten und servieren! Meist sind zwei Kräfte vorhanden, die aber auch oft überlastet sind. So kommt es, dass meine Schwiegermutter, an den Rollstuhl gefesselt, irgendwo an einen Tisch geschoben steht, das unberührte Essen vor sich, weit und breit keine helfende Hand vorhanden ist und sie stundenlang alleine sitzt. Inzwischen nehmen die beiden Töchter noch Essen mit ins Heim, das meine Schwiegermutter mit Heißhunger isst. Hat sie den ganzen Tag gehungert? Zu oft haben die

Töchter schon die Windel gewechselt, die bereits seit Stunden hätte gewechselt werden müssen. Man mag es sich nicht vorstellen!«

Um auch Demenzpatienten einen würdigen Lebensabend ermöglichen zu können, diskutiert die Politik seit vielen Jahren über ein Wortungetüm mit acht Silben und 27 Buchstaben. Es heißt: Pflegebedürftigkeitsbegriff. Durch eine Neudefinition will die Politik weg von der Minutenpflege und hin zu einer ganzheitlichen Betrachtung pflegebedürftiger Menschen. Ganz vereinfacht heißt das: Durch einen neuen Pflegebedürftigkeitsbegriff soll die Pflegekasse künftig nicht nur für körperliche Gebrechen Geld zahlen, sondern auch für die Betreuung von Demenzpatienten. Ein vom Bundesgesundheitsministerium beauftragter Beirat hatte 2009 einen Vorschlag für einen neuen Pflegebegriff vorgelegt. Dieser hatte nur einen Haken: Eine bessere Betreuung von Demenzpatienten hätte laut Gutachten mehrere hundert Millionen bis zu vier Milliarden Euro mehr im Jahr gekostet. Das war das Aus. Minister Bahr hat dann auf Grundlage des alten Pflegebedürftigkeitsbegriffs im sogenannten Pflegeneuausrichtungsgesetz ein wenig mehr Geld für Demenzpatienten bereitgestellt. Mit einer Wasserpistole wollte der Gesundheitsminister einen Waldbrand löschen. Jetzt wird er dafür zu Recht heftig kritisiert. Eine Reform der Pflegeversicherung ohne eine Neudefinition des Pflegebedürftigkeitsbegriffs ist ein Torso. Jetzt soll es ein neuer Expertenbeirat richten. Mit konkreten Ergebnissen vor der Bundestagswahl ist aber nicht mehr zu rechnen. Warum dauert diese Verbesserung so lange? Auch hier gilt: Wir haben kein Erkenntnis-, sondern ein Umsetzungsproblem. »Es ist genug! Auch alte Menschen haben Rechte.«

18. Grundrecht auf Assistenz von Demenzpatienten im Krankenhaus

Besonders demente Patienten haben große Probleme, wenn sie ins Krankenhaus eingewiesen werden. Der Bericht einer Tochter aus dem vergangenen Jahr zeigt, wie wichtig die Anwesenheit von Bezugspersonen ist, wenn solche Patienten ins Krankenhaus eingewiesen werden.

»Am 25. Juli erhielt ich nachts um 2:30 Uhr einen Anruf vom Heim, in dem meine Mutter zu dieser Zeit lebte. Sie sei gestürzt und müsse unbedingt ins Krankenhaus, damit die Wunde genäht würde. Ich fuhr natürlich sofort ins Krankenhaus, um meiner Mutter beizustehen. Sie lag klein, verstört und ängstlich in einem Klinikbett auf dem Flur in dem nächtlichen Krankenhaus. ›Gott sei Dank bist du da‹, rief sie, als sie mich sah – mich hat sie trotz ihrer Demenz bis zum Schluss erkannt –, und klammerte sich an meiner Hand fest. Die Ärztin, sehr nett und offenbar auch zartfühlend, sagte mir dann etwas, was mir die Dimension des Problems klarmachte: ›Schön, dass Sie da sind. Ihre Mutter ist heute Nacht schon die dritte Person, die aus einem Heim bei uns

angeliefert wurde. Normalerweise ist aber niemand dabei.‹ Als meine Mutter die Betäubungsspritze bekam, umklammerte sie noch einmal ganz fest meine Hände, erst als die Betäubung wirkte, entspannte sie sich. Sowohl im Gespräch mit der Ärztin als auch danach mit den Fahrern des Krankenwagens erfuhr ich die schockierende Tatsache, dass (...) Tausende von verletzten alten, meist dementen Menschen wie unliebsame Sachen in Krankenhäuser verschoben werden. Niemand kümmert sich um sie. Ich habe meine Mutter natürlich nach der Behandlung auch noch zurück ins Heim begleitet.«

Doch leider gelingt eine solche Assistenz von Pflegepatienten im Krankenhaus nicht immer. Eine Krankenschwester beklagte sich bei uns, wie schlimm der Personalmangel in Kliniken inzwischen geworden sei. Immer weniger Pflegekräfte müssten immer mehr Patienten in immer kürzerer Zeit versorgen. Pflegepersonalmangel in Kliniken – auch dieses Thema wird schon viele Jahre lang diskutiert. Eine an den Bedürfnissen der Patienten ausgerichtete sichere Versorgung in vielen Krankenhäusern sei längst nicht mehr zu gewährleisten. Wichtige Maßnahmen, wie zum Beispiel eine frühzeitige Mobilisierung der Patienten und die regelmäßige Durchführung der erforderlichen Prophylaxen, müssten aus Zeitmangel gestrichen werden. Das gehört leider zum Alltag in deutschen Kliniken. Während sie mit gut ausgebildeten Ärzten werben, wird die Betreuung teilweise sträflich vernachlässigt.

In der Konsequenz heißt das: Alte, pflegebedürftige Menschen und Demenzpatienten dürfen im Krankenhaus nicht alleine gelassen werden. Sie brauchen zusätzliche Unterstützung im Krankenhaus, wenn sie einen Unfall hatten oder operiert werden mussten. Wenn es optimal läuft, können auch einmal die Angehörigen einspringen. Doch vielfach können sie nicht ohne weiteres eine berufliche Auszeit nehmen. Ein Sohn hat es gemacht. Weil er sich als Selbständiger seine Zeit flexibel einteilen konnte, besuchte er seinen Vater, den er in seinem Schreiben als Herrn W. bezeichnet, täglich.

»Bei der Grundpflege am ersten Morgen rutschte Herr W. einer Pflegerin durch die Hände auf den Boden, weil der Rollstuhl wegrollte (der Rollstuhl wurde wohl aus Zeitgründen nicht festgestellt). Beim notdürftigen Festhalten an den Oberarmen entstanden zwei großflächige Hautwunden (diese Wunden dauerten über vier Wochen, bis sie wieder zugeheilt waren!).
Daraufhin folgte die Anweisung, dass Hr. W. nur noch im Bett gewaschen werden darf. Auch das Essen muss er im Bett einnehmen. Die Folge wäre gewesen, dass Herr W. während seines Krankenhausaufenthalts wohl nicht mehr aus dem Bett gekommen wäre. Der Sohn hat das dann auf eigene Verantwortung übernommen, damit Hr. W. zumindest am Tisch essen konnte. Auch diverse Toilettenstuhl-Aktionen mit anschließender Säuberung wurden von ihm übernommen. Das Personal hätte für solch individuelle Aktionen keine Zeit gehabt.

Auch die Essensgabe wurde mindestens zweimal am Tag vom Sohn übernommen, weil meist eine Schwester das Essen gebracht und eine Reinigungskraft das Servierbrett wieder geholt hat; so wäre gar nicht aufgefallen, dass Herr W. kaum Essen zu sich genommen hat. Herr W. hatte allein nicht die Kraft zu essen.«

In diesem Fall also habe die Schwester das Mittagessen serviert, und die Reinigungskraft habe es wenig später, ohne zu kontrollieren, ob der Patient gegessen hat oder nicht, wieder abgeräumt. Der Vater habe innerhalb von nur zehn Tagen im Krankenhaus sechs Kilo abgenommen, obwohl ihm der Sohn beim Essen immer wieder geholfen habe, erzählt der Sohn. Der Gewichtsverlust sei in der Krankenakte sehr gut dokumentiert gewesen. Nur habe niemand darauf reagiert. Es sei ja kein medizinisches, sondern ein pflegerisches Problem. Im Klartext heißt das: Wenn der Sohn von Herrn W. seinem Vater nicht immer wieder Essen gereicht hätte, hätte er womöglich noch viel mehr abgenommen. Sechs Kilo in zehn Tagen halten wir aber für höchst bedenklich und gefährlich, wenn nicht adäquat darauf reagiert wird.

Viele Demenzpatienten, die ins Krankenhaus eingewiesen werden, haben aber niemanden, der hilft. Sie benötigen daher dringend Assistenz, die das Klinik-Pflegepersonal gar nicht leisten kann. Doch für zusätzliche Mitarbeiter ist derzeit kein Geld da.

Es gibt aber eine Ausnahme. Menschen mit Behinderung, die eigene Pflegekräfte privat beschäftigen, können von diesen künftig auch in stationären Vorsorge- oder Rehabilitationseinrichtungen betreut werden, ohne dass zusätzliche Kosten entstehen. Nach dem Assistenzpflege-Gesetz können sie nun ihre vertrauten Mitarbeiter ins Krankenhaus mitnehmen. Diese Menschen brauchen Hilfe in der Klinik, auch wenn die Krankenkassen über die hohen Kosten dafür jammern. »An sich könnte der besondere Pflegebedarf behinderter Pflegebedürftiger aber von den Pflegekräften mit abgedeckt werden, die in den stationären Einrichtungen beschäftigt sind«, erklärten die Kostenträger 2012 in einer Anhörung des Gesundheitsausschusses des Bundestages zu dem Gesetzentwurf. Genau das schaffen aber viele Pfleger in Kliniken nicht. Es gibt also offensichtlich einen Unterschied zwischen behinderten Menschen. Wer eigene Pflegekräfte privat beschäftigt, bekommt Assistenz im Krankenhaus finanziert, alle anderen nicht. Dabei gilt doch seit 2009 die UN-Behindertenkonvention, die für alle Menschen mit Behinderung einen international gültigen und verbindlichen Menschenrechtsstandard gewährleisten soll. Und was ist mit älter werdenden Behinderten und altersverwirrten Personen?

Wir fordern, dass, solange die Personalsituation in Krankenhäusern so schlecht ist wie derzeit, auch jeder Demenzpatient das Recht auf individuelle persönliche Assistenz im Krankenhaus haben muss. Das wäre moderne Inklusion, die wirklich eine Veränderung in der Gesellschaft im Denken und im Handeln bewirken könnte. Erst wenn das Pflegepersonal in den Kliniken so aufgestockt würde, dass alle pflegerischen Aufgaben zum Wohle der Patienten erfüllt werden könnten, würde sich diese Forderung erübrigen. Davon sind wir noch meilenweit entfernt. »Es ist genug! Auch alte Menschen haben Rechte.«

19. Grundrecht auf eine angemessene Beschwerdekultur

»Wir fordern unsere Kunden, aber auch die Mitarbeiter auf, eine offene Beschwerdekultur zu pflegen. Beschwerden, Anregungen und Kritik bieten unseren Einrichtungen die Chance, sich weiterzuentwickeln.« Mit diesem oder ähnlichen Slogans werben viele Pflegeanbieter. Sie suggerieren damit Offenheit gegenüber Beschwerden und geben ihren Kunden das gute Gefühl, alles zu tun, was zu einer Verbesserung der Pflegequalität beiträgt. Die Botschaft an Angehörige, Hilfebedürftige und Pflegekräfte heißt also: Sagt uns, wo der Schuh drückt. Wir tun was. Wir glauben Ihnen. Wir nehmen Ihre Beschwerde ernst.
Doch im Alltag sind das vielfach leere Versprechungen. Beklagen sich Angehörige über Probleme im Heim, gelten sie schnell als Querulanten und müssen mit Sanktionen rechnen. Immer wieder kommt es zu Machtkämpfen zwischen Pflegekräften und vor allem engagierten Angehörigen, die bestimmte Vorkommnisse oder Abläufe kritisieren. Häufig solidarisiert sich das Pflegepersonal. Angehörige stehen vielfach alleine da. Sie werden in die Enge getrieben. Oft tragen die Schwestern den Ärger mit den Angehörigen

auch auf dem Rücken der Bewohner aus. Das Klima ist meistens angespannt, was sich natürlich auf die Pflegequalität auswirkt. Alle Parteien fürchten sich voreinander und kommunizieren feindselig. Dass nach Beschwerden schnell drastische Sanktionen ausgesprochen werden, zeigt der typische Brief einer Angehörigen:

»Eskaliert ist das Ganze, als meine Mutter vor Weihnachten in ein neues Zimmer umziehen musste. (...) Nur weil ich mich dagegen gewehrt hatte, hat man einen Grund gesucht, meinem Sohn und mir Hausverbot zu erteilen.«

Vielfach können wir sogar nachvollziehen, wenn Angehörige einfach den Mund halten. Denn wenn ein Hausverbot gegen sie ausgesprochen wird, können sie gar nichts mehr für ihre Angehörigen tun. Das gilt vor allem, wenn, wie im oben angeführten Fall, die Tochter nicht die gesetzliche Betreuerin ist. Sie kann die Mutter dann auch nicht einfach in eine andere Einrichtung verlegen.

Eine andere Form der Beschwerde ist die sogenannte Lebendanzeige, die in Tageszeitungen direkt neben den Todesanzeigen veröffentlicht wird. Sie richtet sich an alle, die alte, pflegebedürftige und kranke Menschen kennen. Es ist ein Hilferuf für oder von Menschen, die zu selten besucht werden. Eine tolle Idee – finden wir, die wir gerne übernehmen und mit diesem Vordruck allen, die sich angesprochen fühlen, zur Nachahmung empfehlen:

»Lebendanzeige. Ich bin alt, gebrechlich und lebe im Pflegeheim. Früher war ich immer aktiv und auch beliebt. Ich war bei der Bergwacht / Feuerwehr und habe nie ein Heimspiel von 1860 München / Mainz 05 verpasst. Wir haben uns immer im Stadion verabredet, eine Bratwurst gegessen und Bier getrunken. Jetzt bin ich einsam. Ich weiß nicht einmal, wie mein Verein am Wochenende gespielt hat. Der Fernseher ist kaputt, und es war auch niemand bei mir. Wenn ich sterben würde, wäre die Trauer wahrscheinlich groß. Viele Blumen würden auf mein Grab gelegt und viele Reden gehalten. Zum allerletzten Mal würde man mich wertschätzen. Gerne möchte ich mit dieser Lebendanzeige alle bitten, davon abzusehen. Alle, die mich mögen, sollen mich in den wenigen Wochen oder Monaten, die mir noch bleiben, besuchen oder mir schreiben. Ganz besonders interessieren würde mich der Tabellenstand von 1860 München / Mainz 05. Schön wäre auch, wenn nicht alle meine Freunde gleichzeitig kämen. Da mein Gedächtnis immer weiter nachlässt, würde es mir nichts ausmachen, wenn mir die Torfolge eines Sieges von 1860 München / Mainz 05 gegen Bayern München fünfmal erzählt würde. Es wäre auch schön, wenn ich am Samstag mit einem Radio die Bundesliga-Konferenz hören, mit den alten Kumpels Bratwurst essen und Bier trinken dürfte.«

Wenn es künftig viele Hilferufe in Form von Lebendanzeigen gäbe, wären viele pflegebedürftige Menschen nicht mehr so einsam. Wenn es uns gelänge, dass viele Freunde und Bekannte regelmäßig und ehrenamtlich in Heime gingen, könnten sie auch eine soziale Kontrollfunktion ausüben. Kritische und engagierte Angehörige würden so entlastet werden. Wir hoffen, dass sich dieser Traum irgendwann einmal erfüllt.

Momentan aber sind wir leider noch weit davon entfernt. Das größte Problem in Pflegeheimen ist, dass es Beschwerdekultur oftmals nur auf dem Papier gibt. Viele Angehörige haben Angst vor der Rache von Mitarbeiterinnen und Mitarbeitern, wenn sie sich bei der Heimleitung über sie beklagen. Aus vielen Briefen und Anrufen von Pflegekräften wissen wir, dass diese mehr Angst vor ihren Vorgesetzten und Kollegen haben als vor dem Staatsanwalt. Viele trauen sich nicht auszusprechen, dass sie überlastet sind. Das setzt einen Teufelskreis in Gang: Gute Pflegekräfte kündigen, die schlechten bleiben. Die Pflegequalität verschlechtert sich. Darüber wissen wir alle seit Jahren Bescheid. »Es ist genug! Auch alte Menschen haben Rechte.«

20. Grundrecht auf Plagiate: Schlechte Einrichtungen müssen gut geführte Einrichtungen zum Nutzen pflegebedürftiger Menschen kopieren dürfen

Wir wollen uns nicht dem Vorwurf aussetzen, dass wir nur kritisieren und ausschließlich die negative Seite der Pflegelandschaft darstellen. Es gibt selbstverständlich auch gut geführte Heime mit motivierten

Heimleitungen und Pflegekräften. Eine davon haben wir 2011 besucht. Daraus ist eine 30-minütige Reportage für die ARD mit dem Titel »Die Pflege-Oase – ein Heim geht neue Wege« entstanden. Sie gibt Einblicke in den teils humorigen, aber auch traurigen Alltag des Pflegeheims »Villa am Buttermarkt« in Adenau in der Eifel. Dort läuft vieles anders als gewöhnlich. Im Kapitel »Grundrecht auf palliativgeriatrische Versorgung und Hospizkultur« haben wir bereits beschrieben, dass in dieser Einrichtung niemand alleine sterben muss. Doch in Adenau gibt es viele weitere Dinge, die uns beeindruckt haben.

Frau M. ist 100 Jahre alt und leidet an schwerer Demenz. Kaum noch etwas aus der Außenwelt dringt in ihr Bewusstsein vor. Damit sie sich dennoch wohl fühlt, bekommt sie hin und wieder ein Wellness-Bad mit Wohlfühldüften. »Mit Düften erreichen wir sie noch am leichtesten«, erklärt die Heimleiterin, Margarete Scherer-Vehrs, die wichtige Funktion ihrer »Pflege-Oase«. Überhaupt ist in der »Villa am Buttermarkt« vieles anders als in gewöhnlichen Pflegeheimen. Pflegedienstlciter Raffael Sorbilli zum Beispiel ist nicht nur zuständig für die tägliche Körperpflege, Hilfestellungen beim Essen usw., sondern auch für besondere Highlights: So brettert er mit dem Kleinbus auch gerne mal über die Nordschleife des Nürburgrings. Seine meist demenzkranken Mitfahrer freuen sich darüber sichtlich. Denn oft können sie dabei an Erinnerungen aus ihrer Jugendzeit anknüpfen und darin schwelgen. Der alleinstehende Herr S. hat derweil ganz andere Probleme. Er liebt es, seine Tage am Spielautomaten zu verbringen, so wie er es sein halbes Leben lang gemacht hat. Nun ist er kreuzunglücklich, weil sein Gerät kaputtgegangen ist. Raffael Sorbilli weiß Rat – und ersteigert im Internet für fünf Euro einen gebrauchten Automaten. Fortan wird dieser rund um die Uhr laufen, gefüttert mit alten 5-Mark-Münzen aus Herrn S. Bestand. Die »Villa am Buttermarkt« geht in der Tat neue Wege. Stellen in der Verwaltung haben sie gestrichen, erzählt die Heimleiterin, dafür vier Pflegekräfte zusätzlich eingestellt. Das steigert die Qualität, obwohl das Personal trotzdem alle Hände voll zu tun hat.

Auch in Adenau gibt es täglich Kämpfe. Das zeigt sich, als der Prüfbericht des Medizinischen Dienstes in der Post liegt. Dann ist plötzlich Krisensitzung angesagt und die Aufregung groß. Denn eine Bewohnerin habe innerhalb kurzer Zeit neun Kilogramm abgenommen, ohne dass die Einrichtung entsprechend darauf reagiert habe. Wenn das so wäre, wäre das der Beweis für schlechte Pflegequalität – eine Katastrophe. Die Folge war eine relativ schlechte Note durch den Medizinischen Dienst: 2,8 – befriedigend. Intensive Nachforschungen folgten. Frau E., die Bewohnerin, die an Gewicht verloren haben soll, wurde intensiv befragt und untersucht. Dabei berichtet sie Heimleiterin Margarete Scherer-Vehrs stolz, dass sie sich heute beim Mittagessen sogar noch einen Nachschlag zum Hauptgang und zusätzlich noch einen Nachtisch gegönnt habe. Den Gewichtsverlust konnte sich niemand erklären. Erst als eine Pflegekraft erwähnte, dass Frau E. zwei Rollstühle besitzt, horchten alle

auf. In dem schwereren kann sie bequemer sitzen, mit dem leichteren ist sie mobiler. Die Gewichtsdifferenz bei beiden: Exakt neun Kilogramm. Frau E. hat gar nicht abgenommen. Sie wurde nur in unterschiedlichen Rollstühlen gewogen. Das Pflegepersonal hätte hier sorgfältiger dokumentieren müssen! Ein Fehler, der in einer gut geführten Einrichtung eigentlich nicht passieren dürfte. Das räumt letztlich auch die Heimleitung ein. Eine hohe Ergebnisqualität sei aber wichtiger als eine gute Dokumentation, betont Heimleiterin Margarete Scherer-Vehrs unermüdlich. Sie ist eine Frau, die ihre MitarbeiterInnen täglich motiviert und es ihnen und den Bewohnern auch mal erlaubt, zusammen eine Zigarette zu rauchen.
Wir haben in den vergangenen Jahren zahlreiche Geschäftsführungen, Heimleitungen und Pflegekräfte kennengelernt, denen wir sogar unsere eigenen Eltern anvertrauen würden. Deren Konzept ist denkbar einfach: zufriedene MitarbeiterInnen, die sich mit ihrem Arbeitsplatz identifizieren, und ein fairer, offener, ehrlicher, wertschätzender Umgangston. In diesen Häusern gibt es kaum Personalfluktuation und eine niedrige Krankheitsquote. Engagierte Kräfte zeigen Leidenschaft, Begeisterungsfähigkeit, Kreativität, fachliche und soziale Kompetenz und Veränderungsbereitschaft. Diese Motivation kann es selbstverständlich nur in einer angstfreien Arbeitsatmosphäre geben, in der Mobbing ein Fremdwort ist. Eine offene Beschwerdekultur, ein gelebtes Leitbild, familienfreundliche Arbeitszeiten, tarifliche Bezahlung, viele Auszubildende und ehrenamtliche Mitarbeiter ergän-

zen das Bild eines offenen Heimes. Ein Pflegeheim ohne Mängel kann es nicht geben. Natürlich arbeiten auch in solch einem Haus die Mitarbeiter am Limit. Eine weitere banale Erkenntnis: »Der Fisch stinkt vom Kopf.« »Es ist genug! Auch alte Menschen haben Rechte.«

Diese zwanzig Grundrechte fordern wir verpflichtend ein und leiten daraus neun Forderungen bzw. Sofortmaßnahmen ab.

Forderungen und Sofortmaßnahmen

1. Die genannten Grundrechte der alten Menschen sind nicht verhandelbar. Sie müssen juristisch einklagbar sein!

Die Politik hat in den vergangenen Jahrzehnten beim Thema Altenpflege versagt. Verstöße gegen Menschenrechte und Verfassung sind an der Tagesordnung. Der Staat ist unserer Meinung nach seiner Schutzpflicht gegenüber pflegebedürftigen Menschen nicht ausreichend nachgekommen. Über Verfassungsbeschwerden müsste jetzt das Bundesverfassungsgericht eingeschaltet werden. Karlsruhe könnte der Politik Vorgaben machen, die der Gesetzgeber einhalten und umsetzen muss. Warum?
Lang bekannte Probleme konnten von den Politikern nicht gelöst werden. So werden zum Beispiel Demenzpatienten immer noch gegenüber pflegebedürftigen Menschen mit körperlichen Gebrechen benachteiligt, der Grundsatz »ambulant vor stationär« ist längst nicht überall umgesetzt, genauso wie »Prävention vor Rehabilitation vor Pflege«.
Auch gibt es noch immer keine verbindlichen Mindeststandards für die Altenpflege. Die »Charta der Rechte hilfe- und pflegebedürftiger Menschen« ist, wie bereits ausgeführt, nur ein unverbindliches Empfehlungspapier. Statt über die Qualität der Altenhilfe diskutiert die Pflegepolitik vor allem über Kosten und Finanzierbarkeit. Eigentlich müsste es genau umgekehrt sein. Sinnvoll wäre, wenn erst die zwanzig Grund- und Menschenrechte für alte und pflegebedürftige Menschen von der Politik umgesetzt würden.

Denn über die lässt sich unserer Meinung nach nicht diskutieren. Erst in einem zweiten Schritt sollten die Volksvertreter die Kosten und deren Finanzierung klären. Leider denken Politiker nicht so.
Wir halten deren bisheriges Vorgehen für höchst problematisch, da es um schutzbedürftige Interessen von Bewohnern geht. So ist auch die Gesetzgebung mitverantwortlich dafür, dass pflegebedürftige Menschen vernachlässigt und unzureichend versorgt werden. Weil Pflegebedürftige abhängig von der Hilfe anderer Menschen sind, sind sie besonders schutzbedürftig, müssen sich darauf verlassen können, dass sie neben der Menschenwürde auch ein Recht auf körperliche Unversehrtheit haben und sie ihre Persönlichkeit frei entfalten können. Wir beklagen seit Jahren, dass dagegen viel zu oft verstoßen wird. Es kann doch nicht sein, dass der Medizinische Dienst alle paar Jahre seine Qualitätsberichte veröffentlicht, durchgängig zum Teil gravierende Missstände feststellt, und in der Folge ändert sich kaum etwas zum Besseren. Wenn sie gefesselt werden, können viele alte Menschen ihre Persönlichkeit natürlich nicht mehr frei entfalten. Wenn sie mit Medikamenten ruhiggestellt werden, nur weil das Personal keine Zeit hat, wird ihr Recht auf körperliche Unversehrtheit verletzt. Darüber ist nicht zu diskutieren. Bedürfen nicht gerade pflegebedürftige und demente Menschen des besonderen Schutzes des Staates?
Welche Konsequenzen hat es, wenn der Geschäftsführer des Bayerischen Roten Kreuzes, Leonhard Stärk, in einem Artikel der Bayerischen Sozialnach-

richten (5/2012) de facto einräumt, dass menschenwürdige Pflege so nicht mehr möglich sei?

»Von 100 Prozent Arbeitszeit gehen 20 bis 25 Prozent für Urlaub, Krankheitstage und Fortbildung ab. Weitere 20 bis 30 Prozent (!) müssen für administrative Tätigkeiten abgezogen werden. Diese Zahl ist inzwischen über zahlreiche Studien belegt und nachvollziehbar. Folglich bleibt – wenn es gut läuft – von 100 Prozent Arbeitszeit knapp die Hälfte für die direkte Leistungserbringung am Bewohner. Auf der anderen Seite stehen die ebenfalls stetig steigenden Erwartungen der Gesellschaft, der Politik und auch der Angehörigen an die Pflege, ohne dass jedoch anerkannt würde, dass dies alles seinen Preis hat! Dieser Entwicklung tragen weder die Ausbildung noch die Bezahlung der Pflegekräfte Rechnung – von der fehlenden Anerkennung der Pflegeberufe einmal ganz zu schweigen. Und dieser Entwicklung tragen auch die Kostenträger (Pflegekassen, Sozialhilfeträger, Angehörige) nicht Rechnung – sie verweigern schon heute eine auskömmliche Refinanzierung der Personalkosten in Pflege und Betreuung. Hier liegt die Verantwortung klar bei der Bundes- und Landespolitik, klare gesetzliche Vorgaben zu schaffen. Die Resultate dieser fatalen Entwicklung sind an den ›Pflegeskandalen‹ ablesbar, die in den allermeisten Fällen ihre Ursachen haben in zu wenig Personal, zu schlecht ausgebildetem Personal und zunehmend überlastetem Personal – und oft natürlich auch in der mangelnden Führung des Personals. Fachlich und zeitlich überlastete, unter Druck stehende und demotivierte Führungskräfte

und Mitarbeiter machen Fehler, nehmen sich nicht mehr die nötige Zeit für den Bewohner und beschleunigen damit – ungewollt, aber gezwungenermaßen – die aufgezeigte Entwicklung. Denn nach fast jedem Skandal kommen verschärfte Prüfvorschriften, mehr Bürokratie und neue Auflagen. Damit tun die Behörden und die Politiker nur ihre Pflicht, an der Situation ändert sich jedoch nicht nur nichts, es wird schlimmer!«

Warum bietet das Bayerische Rote Kreuz Pflege in seinen Einrichtungen an, wenn »demotivierte« Führungskräfte und Mitarbeiter am Werk sind und Menschenwürde schwer zu gewährleisten ist? Warum sagt das Bayerische Rote Kreuz nicht einfach, wir können nicht mehr pflegen, weil eine gute Versorgung bei den gegebenen Rahmenbedingungen nicht finanzierbar ist? Müsste hier der Staat mit seiner Schutzpflicht nicht schon längst eingreifen?

Die Politik hat es nach unserem Erachten über viele Jahre versäumt, dieser Schutzpflicht nachzukommen – in den Gesetzen zur Pflegeversicherung oder auch in den Heimgesetzen der Länder.

Warum macht die Politik den Beteiligten in der Pflegebranche zum Beispiel keine strengen Mindestvorgaben bei Pflegesätzen und Personalschlüsseln? Wie kann es sein, dass Kostenträger nicht überall Tariflohn anerkennen und refinanzieren? Muss die Politik hier nicht endlich aktiv werden?

Daher, so unsere Überlegung, müsste eine andere Institution der Politik Vorgaben machen. Das Bundesverfassungsgericht.

Es ist eine Schutzinstanz, die der Regierung nicht nach dem Munde redet. Vor allem mit dem schärfsten Schwert, der Verfassungsbeschwerde, kann das Verfassungsgericht von Bürgern aufgefordert werden, seiner Aufgabe als Schutzinstanz nachzukommen. Im Fall der Pflege müsste eine Verfassungsbeschwerde allerdings noch angestrengt werden. Wir selbst sind keine Juristen und können daher nur Anregungen geben und Fragen stellen.
Warum sollte das Bundesverfassungsgericht nicht auch der Politik Vorgaben in Bezug auf schutzwürdige Mindestanforderungen in der Altenpflege machen? In Urteilen wie zum Beispiel bei Hartz IV hat das Bundesverfassungsgericht nachbessern lassen, weil Regelsätze falsch berechnet waren und bedürftige Familien womöglich zu wenig Unterstützung bekamen. Überträgt man dieses Urteil auf die Altenpflege, könnte man fragen: »Ist zum Beispiel die Höhe des Pflegegeldes für pflegende Angehörige verfassungswidrig niedrig, und wurde sie möglicherweise falsch berechnet? Genauso legitim und möglicherweise über eine Verfassungsbeschwerde zu klären ist dic Frage, ob Fesselungen alter Menschen oder die übermäßige Gabe von Psychopharmaka in Pflegeheimen aus Zeitmangel gegen das Grundrecht auf freie Entfaltung der Persönlichkeit verstoßen. Die Liste könnte analog unseres, in diesem Buch definierten, Grundrechtekatalogs lange fortgesetzt werden.
Wir glauben, dass sich ohne konsequente Vorgaben des Bundesverfassungsgerichtes künftig wenig an der Qualität der Altenpflege ändern wird. Wir glauben,

angesichts der Erfahrungen mit vielen von der Politik verantworteten Pflegereformen nicht, dass die Politik stark genug wäre, diese wichtigen Aufgaben verantwortungsvoll anzugehen. Im Gegenteil: Wegen der demographischen Entwicklung wird sich das Pflege-Problem noch verschärfen, wenn die Politik nicht endlich handelt. Was wir aber zunächst brauchen, ist eine Verfassungsbeschwerde.

2. Die finanzielle Benachteiligung pflegender Angehöriger muss sofort beendet werden!

Viele behinderte, pflegebedürftige alte Menschen wollen in der Regel selbstbestimmt in ihrer gewohnten häuslichen Umgebung wohnen und gepflegt werden. Oft übernehmen ihre Kinder, vor allem Töchter, diese verantwortungsvolle Aufgabe. Doch die Pflege der eigenen Eltern treibt sie vielfach in den Ruin – psychisch, physisch und finanziell. Gerade demenziell erkrankte Menschen müssen rund um die Uhr versorgt und betreut werden – 24 Stunden am Tag, sieben Tage in der Woche und 365 Tage im Jahr. Wir kennen Fälle, bei denen Kinder durch die Pflege ihrer Eltern alle sozialen Kontakte verloren haben und verarmt sind. Es ist kaum zu erklären, warum pflegende Angehörige auch nach der jüngsten Pflegereform deutlich weniger Pflegeleistungen erhalten als ambulante Dienste oder Heime. In Pflegestufe 0, für Personen mit Demenz, bekommen pflegende Angehörige gerade einmal 120 Euro, ein ambulanter Pflegedienst aber 225 Euro. In Pflegestufe I bekommen Angehörige 235 Euro Pflegegeld, Pflegedienste 450 Euro und Heime 1023 Euro an sogenannten Pflegesachleistungen. Dieses aus unserer Sicht falsche Anreizsystem der Politik macht vor allem Pflegeeinrichtungen attraktiver, als sie sind. Denn fast niemand will ins Heim.

Familien und Angehörige sind der kostengünstigste Pflegedienst der Nation. Dass die Politik mit ihnen sorgsam umgehen muss, zeigen auch aktuelle Zahlen des Statistischen Bundesamtes vom Januar 2013. Mehr als zwei Drittel oder 1,76 Millionen pflegebedürftige Menschen werden demnach zu Hause versorgt. Von dieser Gruppe nehmen 1,18 Millionen, fast 70 Prozent, das niedrige Pflegegeld in Anspruch. Das kann im Umkehrschluss nur heißen, dass sie auf ambulante Pflegedienste und deren sogenannte Sachleistungen komplett verzichten, obwohl der Geldbetrag höher wäre. Sie leisten die Pflege selbst oder nehmen Hilfen von osteuropäischen Helferinnen in Anspruch. Die Politik muss also erkennen, dass die Mehrzahl der pflegebedürftigen Menschen keine Sachleistungen wünscht, die im Minutentakt geleistet werden. Menschen sind keine Sachen, deshalb fordern sie völlig zu Recht auch menschliche Zuwendung ein. Darauf ist die Politik bei der jüngsten Pflegereform zwar ein klein wenig eingegangen, aber ohne die Neudefinition des Pflegebedürftigkeitsbegriffes bleiben Versuche deutlich hinter dem zurück, was pflegebedürftige Menschen eigentlich brauchen.

Wir fordern:

- Nochmalige, deutliche Anhebung des Pflegegeldes, um »Pflege durch Angehörige« attraktiver und Heimeinweisungen unattraktiver zu machen.
- Wir brauchen statt der unwürdigen Pflegestufeneinteilung der Minutenpflege ganzheitliche, bezahlbare Pflege- und Betreuungskonzepte, die sich am individuellen, tatsächlichen Hilfebedarf orientieren.
- Ambulante Pflegedienste müssen ihr Angebot flexibler den Bedürfnissen pflegebedürftiger Menschen anpassen. Gerade die pflegenden Angehörigen von Demenzpatienten werden kaum entlastet, wenn der ambulante Pflegedienst zweimal täglich nur wenige Minuten kommt. Dieses Angebot geht oft völlig am Bedarf vorbei und ist im Preis-Leistungs-Verhältnis wenig attraktiv.
- Angehörige benötigen Hilfsangebote durch professionelle Psychologen, Therapeuten und Seelsorger, wenn sie verzweifelt sind oder nicht mehr weiterwissen.
- Angehörige müssen auch stundenweise entlastet werden. Bezahlbare Tagespflege, Nacht- und Wochenenddienste sind dringend erforderlich, damit der »größte und kostengünstigste Pflegedienst der Nation«, also die Familien und pflegenden Angehörigen, nicht kollabiert. Pflegende Angehörige brauchen viel mehr Unterstützung, sonst landen immer mehr Menschen im Heim.
- Alle Pflege-Beratungsstellen müssen sich stärker vernetzen.

Erwähnt werden muss aber auch: Wenn die Rahmenbedingungen für pflegende Angehörige deutlich verbessert werden, muss es, wie bei Kindesmisshandlungen, Frühwarnsysteme für schlechte Versorgung und Misshandlungen geben. Der beste, zugleich aber auch der gefährlichste Platz für Schutzbefohlene ist die Familie. Das gilt für Kinder und für alte Menschen. Daher müssten die verpflichtenden Untersuchungen für die Jüngsten auch auf pflegebedürftige Menschen ausgedehnt werden, um so mögliche Misshandlungen früh aufzudecken und potenzielle Täter abzuschrecken. Jeder Arzt, jeder Mensch, der in einen Haushalt kommt, dort Missstände erkennt, muss diese den Behörden melden. Pflegende Angehörige brauchen mehr Unterstützung – Pflegebedürftige müssen aber auch geschützt werden!

3. Die Pflegeausbildung muss dringend und nachhaltig verbessert werden!

Von fast allen Trägern werden derzeit händeringend gute Pflegefachkräfte gesucht. Altenpflege ist ein Beruf mit Zukunft, die Bundesrepublik hat laut Medienberichten die älteste Bevölkerung in Europa. Deshalb ist er aufgrund der demographischen Situation auch extrem krisensicher. Pflegekräfte können ihrer Arbeit nahezu an jedem Ort in Deutschland nachgehen. Sie sind so ungebunden wie in kaum einem anderen Berufszweig. Warum gibt es dennoch einen bedrohli-

chen Fachkräftemangel? Warum schreckt der Beruf so viele junge Menschen ab?
Antworten darauf hat Manuela-Maria Müller. Die erfahrene Altenpflegerin und Lehrerin hat mehr als 30 Jahre Berufserfahrung in der Altenpflege. Sie war an verschiedenen Fachschulen für Altenpflege tätig und hat über die Jahre mehr als 100 Einrichtungen kennengelernt. Im Februar 2013 hat sie im Bayerischen Landtag vor Politikern und Pflegekräften, Vertretern der Kostenträger, der Wohlfahrtsverbände und der Gewerkschaft ver.di berichtet. Manuela-Maria Müller liebt ihren Beruf, kommt nach eigener Aussage aber angesichts der immer katastrophaler werdenden Gesamtsituation in der »Pflege« und »Ausbildung« ständig an ihre Grenzen. Was sie der versammelten Pflegeszene über den Alltag von AltenpflegeschülerInnen auftischte, war für viele kaum verdaulich. Demnach sind die Missstände in der Pflege und die Krise der Pflegeausbildung viel schlimmer, als viele der Zuhörer es bislang geahnt hatten. Auszüge aus ihrem Vortrag:

»Immer wieder erzählen mir meine Schüler von Strafanzeigen, weil mal wieder jemand falsch gespritzt wurde, verletzt ist oder gar gestorben ist aufgrund eines Pflegefehlers, aber die meisten Vorfälle werden unter den Tisch gekehrt. (...) In Einrichtungen werden die Schüler aus Verzweiflung und manchmal aber leider auch bewusst verheizt, werden für alle Ausfälle hergenommen, müssen während der Schulzeit einspringen. Egal ob sie Kinder haben oder nicht, sie müssen den

Dienst übernehmen, der nicht besetzt ist. (...) Sowohl die Mitarbeiter wie auch die Schüler dürfen eigentlich ›kein eigenes Leben mehr haben‹. Wie will man so Mitarbeiter in der Pflege halten??? Ich will Ihnen einen kleinen Ausschnitt aufzeigen, wie ich die Situation erlebe.
Ich könnte Ihnen von meinem letzten Praxisbesuch erzählen: Pflegedienstleitung seit einem halben Jahr im Burnout krank, stellvertretende Pflegedienstleitung relativ frisch aus der psychosomatischen Klinik zurück, aktuelle Wohnbereichsleitung hatte einen Nervenzusammenbruch, der Schüler veranlasste in der Früh um 6 Uhr selber, dass ein (...) Bewohner ins Krankenhaus kommt, weil er seit dem Vorabend statt Urin Blut ausgeschieden und massiv Schmerzen hatte. (...)
Am besten fange ich damit an, was ich heute eigentlich zu tun gehabt hätte. Ich wäre heute Morgen zu einer Schülerin gefahren, Mitte 20, alleinerziehend, hat die Ausbildung schon mal abgebrochen und eine psychosomatische Kur gemacht, weil sie mit Kind und Schule und Praxisanforderungen völlig überfordert war. Erzählt hat sie mir, dass sie bereits als einzige ›Fachkraft‹ im Haus Wochenenddienst gemacht hat. Unvorstellbar, das kann man nicht glauben, war aber so. (...)
Wenn Sie sich in die Situation eines Angehörigen versetzen – wie würden Sie reagieren, wenn Sie es wüssten? Psychisch labile Menschen in der Pflege sind inzwischen nichts Besonderes mehr. Nicht gerade die besten Voraussetzungen für einen Beruf in der Pflege. Das Problem ist, dass die Schüler in der Regel schon viel hinter sich haben, ehe sie in der Pflege landen, oft

nicht ganz freiwillig. Die schulische Vorbildung, die Zeugnisse aus der Vergangenheit sind häufig sehr schlecht. Dennoch schaffen es etliche durch fleißiges Lernen zumindest theoretisch einigermaßen durchzukommen. Mit Dreiern und Vierern ist man noch nicht durchgefallen und besteht auch eine Probezeit. Viel schwieriger wird es, wenn diese Schüler in die Praxis kommen. Sie müssen innerhalb kürzester Zeit, häufig mit Minimalanleitung (das heißt von ein paar Stunden bis zwei, drei Tage) die multimorbiden, schwer- und schwerstpflegebedürftigen Menschen versorgen, betreuen und pflegen. Immer wieder werden die Schüler auch von anderen Auszubildenden eingearbeitet, die schon ein Jahr weiter sind. Ca. 90 Prozent der Schüler sagen, dass die Anleitungssituation einfach nicht ausreichend bis völlig ungenügend ist. (...)
Wie will man das machen, wenn es 30 oder 40 pflegebedürftige Bewohner auf dem Wohnbereich gibt und man nur zu zweit oder zu dritt ist, darunter oft nur höchstens eine Fachkraft. Das geht nicht. Aber viele haben sich schon daran gewöhnt. Notversorgung ist inzwischen oft Alltag. (...)
Wir haben Schüler, die schon im zweiten und dritten Ausbildungsjahr die Schichtführung haben – ohne eine Fachkraft im Hintergrund. (...) Diese unerfahrenen, zum Teil sehr jungen Menschen tragen eine Verantwortung, der sie in der Regel nicht gerecht werden können. In Notsituationen sind sie oft nicht in der Lage, adäquat zu reagieren. Ich weiß von vielen Vorfällen, die nicht zuletzt eine Krankenhauseinweisung zur Folge hatten, oder auch von Todesfällen. (...)

Die Konsequenzen werden völlig unterschätzt. Nur – die alten Menschen wehren sich ja nicht. (...)
Es gibt Heimleitungen, die sagen, sie möchten aktuell niemals im eigenen Heim leben. Sagt das nicht schon alles? (...)
Und wenn Sie jetzt einwenden, ja die Schule, was die alles will, und die habe doch laut Altenpflegegesetz die Gesamtverantwortung für die Ausbildung: Jawohl – die haben wir seit dem neuen Ausbildungsgesetz, da ist das so formuliert. Aber wir wissen doch alle: ›Wer zahlt, schafft an.‹ Die Einrichtungen zahlen die Schüler. Wir als Lehrer, auch meine verschiedenen Schulleitungen, sind am ständigen Reden und Verhandeln – um für die Schüler Bedingungen zu kriegen, die die Schüler motivieren, am Ball zu bleiben. Die Schüler erhalten gute Bewertungen von der Praxis, die Formulare werden z. T. leider auch nur angekreuzt, weil auch hier keine Zeit ist, einen Entwicklungsverlauf zu dokumentieren. Leider sagen immer wieder Auszubildende, dass ihre Bewertungen diesmal schlechter sind, weil sie nicht ständig einspringen wollten. Die Gefügigen erarbeiten sich oft so ihre guten Praxisbewertungen, egal ob sie geeignet sind oder nicht. Selbst die Schlechtesten werden z. T. in der Praxis behalten mit der Aussage – »sonst haben wir ja gar niemanden mehr«.
Es geht immer nur darum »fertig zu werden« ... – egal wie. (...)
Und wenn dann doch mal Zeit ist ...? Muss geputzt werden. Ich spreche schon vom »Biographischen Abstauben« (...) Fehlen denn Reinigungskräfte in Deutschland oder Pflegekräfte? Diese Schüler bleiben nicht im

Beruf. Ein paar wenige haben zumindest das Glück, auf einem menschlich gut organisierten Wohnbereich zu sein, in einem guten Team zu arbeiten. Viele Auszubildende klagen nicht über die Schwere der Tätigkeit, sondern vor allem darüber, wie schlecht das Klima ist, das ist oft das wirklich Anstrengende. Machtquerelen, Schnelligkeitswettkämpfe. »Wer schafft mehr« – Quantität statt Qualität. Und im Qualitätsmanagementunterricht müssen sich die Schüler mit meiner provokanten Aussage, »man ist nicht nur für das verantwortlich, was man tut, sondern auch dafür, was man nicht tut«, rumschlagen. Ich mache meinen Schülern noch ein schlechtes Gewissen für ein System, bei dem nur noch versucht wird, es irgendwie aufrechtzuerhalten. (...)
Und abends wird – laut einer Wohnbereichsleiterin – »gepampert« und Schlafmittel verteilt – denn »nachts muss Ruhe sein« – bei zwei Pflegekräften für 130 Menschen. (...)
Nicht gesprochen habe ich über das große Thema »Gewalt in der Pflege« und über das Geld, das für meine Schüler im Vergleich eine relativ untergeordnete Rolle hat. Sie wünschen sich in erster Linie nicht mehr Geld, sondern menschlichere Arbeitsbedingungen und Vorgesetzte, die authentisch, respektvoll und achtsam sind, wünschen Vorgesetzte, die sie motivieren, unterstützen und fördern.
Ich kann für mich nur eines sagen: Momentan gelingt es mir noch einigermaßen, meine Schüler zu sensibilisieren und sie zu stärken, aber das ist nur noch eine Frage der Zeit, denn ich kann keine Perspektiven erkennen. Auch wenn die Arbeitsagentur aktuell neue

Vorschläge hat, wie man noch mehr Menschen aus einem niedrigeren Bildungsniveau und auch noch mit Ausbildungsverkürzung in den Pflegeberuf schicken könnte, (...) solange die Bedingungen vor Ort so sind, wie wir sie aktuell vorfinden, ist die massive Fluktuation nicht zu bremsen und das Problem des Pflegenotstandes niemals zu beheben.«

Dem ist eigentlich nichts mehr hinzuzufügen. Müssen wir uns wundern, dass junge Menschen nicht unter solchen Arbeitsbedingungen arbeiten wollen? Es spricht für sich, dass öffentlich niemand Manuela-Maria Müller nach ihrem Vortrag widersprochen hatte – nicht die Heimträger, nicht die Kostenträger, nicht die Gewerkschaften und auch nicht die Politik. Das allein sagt viel. Für uns heißt das Zustimmung. Selbstkritik der Pflege-Bosse haben wir aber auch nicht gehört.

In der Ausbildung werden die Weichen für die Altenpflege gestellt. Derzeit kommen vielfach nur die schwächsten BewerberInnen, die auf dem Arbeitsmarkt verfügbar sind, in die Altenpflege. Oft sind sie abhängig, haben keine anderen Alternativen und sprechen nicht einmal die deutsche Sprache. Gutes Personal kostet Geld, weil es für qualifizierte junge Menschen Alternativen gibt. Sie erwarten zu Recht eine angemessene Bezahlung und angemessene Arbeitsbedingungen. Wenn es der Branche nicht gelingt, den Beruf attraktiver zu machen, wird die Qualität in der Pflege niemals besser werden.

4. Die »Nationale Stelle zur Verhütung von Folter« muss finanziell besser ausgestattet werden!

Schlafentzug, Isolation, fehlende Kommunikation, Hunger, Durst und Kontaktsperre. Diese Begriffe stammen aus Presseartikeln über Guantanamo, Gefängnisse im Irak und Afghanistan. Solche Zustände und Menschenrechtsverletzungen bezeichnen wir als »Folter«.

Vergleichbares müssen pflegebedürftige Menschen aber auch in bundesdeutschen Pflegeheimen erleben: Hier werden die Zustände aber häufig nur mit dem Wort »Pflegenotstand« verharmlost. Wenn Menschen nachts geweckt werden, weil sie mit unruhigen oder aggressiven Bewohnern das Zimmer teilen müssen, ist das Schlafentzug. Wenn Menschen ans Bett gefesselt werden, nur weil Heime Angst haben, dass sie stürzen, ist das Freiheitsberaubung und möglicherweise Isolation. Von fehlender Kommunikation kann man sprechen, wenn Pflegekräfte kaum Deutsch sprechen. Und wenn Pflegebedürftige zu wenig zu essen und zu trinken bekommen, haben sie zwangsläufig Hunger und Durst. Wenn Angehörige Hausverbot erhalten, nur weil sie Kritik an einer Einrichtung üben, sprechen wir von einer Kontaktsperre. Folter ist für uns, wenn Menschen Selbstgespräche führen müssen, weil niemand mit ihnen spricht. Von Isolations-Folter sprechen wir, wenn pflegebedürftige Menschen tagelang ohne Kommunikation an die weiße Decke starren müssen, teilweise sogar ohne Radio- und Fernseh-

gerät. Von Folter sprechen wir, wenn pflegebedürftige Menschen immer wieder mit Sterbenden das Zimmer teilen müssen und dadurch psychisch unakzeptabel belastet werden. Folter ist auch, wenn osteuropäische Pfleger Frauen mit kriegstraumatischen Erinnerungen im Intimbereich waschen. Von Folter sprechen wir, wenn pflegebedürftige Menschen dauerhaftes Schreien und den Geruch von Urin und Kot aushalten müssen. Teilweise erhalten sie wegen des unerträglichen Gestanks in diversen Heimen keinen Besuch mehr. So erzählte uns eine Angehörige:

»Die Augen meiner Mutter vergesse ich nicht, als die Enkeltochter geweint hat und gesagt hat: ›Da gehe ich nicht mehr hin, weil es bei der Oma so stinkt!‹«

Viele pflegebedürftige Menschen haben die Hoffnung auf eine Verbesserung ihrer Lage längst schon aufgegeben. Oftmals sind Bewohner verzweifelt, traumatisiert und haben Todesangst, wenn zum Beispiel die Glocke außer Reichweite ist und niemand kommt, selbst wenn sie nach Hilfe rufen. Die gesellschaftliche Empörung über solche Missstände hält sich aber in Grenzen. Kirchen und Menschenrechtsgruppen nehmen davon kaum Notiz. Die Situation vieler alter Menschen ist aussichtslos, demütigend, peinlich, erniedrigend, würdelos, beschämend, trostlos und grausam.

Das soll sich jetzt ändern. Demnächst müssen sich Altenheimbetreiber wohl auf den Besuch der »Nationalen Stelle zur Verhütung von Folter« einstellen. Die Behörde, mit Sitz in Wiesbaden, hat die Aufgabe, »zur Verhütung von Folter und Misshandlungen regelmäßig Orte der Freiheitsentziehung im Sinne des Zusatzprotokolls zur UN-Antifolterkommission aufzusuchen«. Sie soll auf Missstände aufmerksam und gegebenenfalls Verbesserungsvorschläge machen. Die Nationale Stelle berichtet jährlich an die Bundesregierung. Sie besteht aus einer Bundesstelle, die für Einrichtungen des Bundes zuständig ist, und einer Länderkommission, die für Einrichtungen der Länder zuständig ist. Besuche in Alten- und Pflegeheimen fallen in den Zuständigkeitsbereich der Länderkommission. Bisher besuchen deren ehrenamtliche Mitglieder regelmäßig Polizeistationen, Gefängnisse oder geschlossene Abteilungen der Psychiatrie. Jetzt

also sollen auch die Pflegeheime unter die Lupe genommen werden. Und davor haben die Heimträger große Angst. So viel Angst, dass es im März 2012 schon einen großen Artikel in der Fachzeitschrift *bpa-intern* gab.
Hinter dem bpa steckt einer der größten Pflegelobbyisten. Der Bundesverband privater Anbieter sozialer Dienste e.V. hat mehr als 7500 aktive Mitgliedseinrichtungen in Deutschland. Im Artikel empören sich die Lobbyisten: Es sei »unverantwortlich, Pflegeheime auch nur in die Nähe von Begrifflichkeiten wie Folter zu stellen«. Sie regen sich auch darüber auf, dass die »Nationale Stelle zur Verhütung von Folter« sogar das bayerische Sozialministerium aufgefordert habe, »Einrichtungslisten zur Verfügung zu stellen«. Das heißt: Die Behörde wollte eigentlich nur eine Liste haben, auf der alle Heime aufgeführt sind. Ist das wirklich so schlimm, zumal die meisten Einrichtungen auch im Internet präsent sind? Für die Lobbyisten ist die Aufforderung zur Herausgabe der Liste schon eine Kriegserklärung: »Vor diesem Hintergrund werden wir zu diesem Thema weiter intervenieren, ohne jedoch die öffentlichen Schlagzeilen zu suchen«, heißt es im bpa-Artikel weiter. Und jetzt wird es richtig spannend. Denn die Politik tat alles dafür, um den Lobbyisten-Wunsch zu erfüllen. Das Ministerium von Christine Haderthauer (CSU) wollte tatsächlich erst einmal keine Adressdaten rausrücken. Das geht aus einem uns vorliegenden Schreiben hervor. Dort heißt es: »Das Bayerische Staatsministerium für Arbeit und Sozialordnung, Familie und Frauen

hat zunächst die Übermittlung von Adressdaten an die Nationale Stelle zur Verhütung von Folter verweigert und in mehreren Schreiben ihr gegenüber die Auffassung vertreten, dass es sich bei den stationären Einrichtungen der Altenpflege nicht um Gewahrsamseinrichtungen im Sinne des Übereinkommens handelt, sondern um Orte, in denen vorwiegend pflegebedürftige ältere Menschen ihren letzten Lebensabschnitt verbringen, um dort betreut und versorgt zu werden.« Wie viel Macht muss ein Lobbyverband haben, um ein Ministerium in einer so banalen Sache zu mehreren Schreiben zu bewegen? Demnächst beantragt auch der Bundesverband Deutscher Pizzerien bei der Politik, die Herausgabe der Adressen für die Gaststätten zu verweigern, nur weil man dort vergammelte Salami finden könnte. Das ist doch absurd. Hat das Ministerium eigentlich nichts Besseres zu tun? Doch die Geschichte geht noch weiter. Nach dem offensichtlich längeren Schriftverkehr mussten die Adressen dann doch irgendwann an die Nationale Stelle übermittelt werden.

Damit nicht genug. Für die selbstverständliche Herausgabe eines Dokuments, dessen Inhalt im Wesentlichen sowieso öffentlich ist, entschuldigt sich das Ministerium im Nachgang bei den Lobbyisten des bpa, der Landesarbeitsgemeinschaft der Freien Wohlfahrtspflege, der öffentlichen Wohlfahrtspflege und beim Verband Deutscher Alten- und Behindertenhilfe mit den Worten: »Sollte es bei den Mitarbeiterinnen und Mitarbeitern in Ihren Einrichtungen zu Irritationen gekommen sein, bitte ich Sie entsprechend zu informieren und klarzustellen, dass die Übermittlung der Adressen (…) keinerlei Bewertung der Arbeit in bayerischen Alten- und Pflegeheimen hat.« Trotz unserer schriftlichen Anfrage wollte sich das Haderthauer-Ministerium nicht zu dem Vorgang äußern.

Also: Wer so agiert, setzt sich dem Verdacht aus, etwas zu verbergen zu haben. Das ist ein Armutszeugnis für die Branche und die Politik. Wer nichts zu verbergen hat, der kann doch eigentlich auch die Kontrolleure der Nationalen Stelle zur Verhütung von Folter ins Haus lassen. Oder nicht? Wenn es Folter gibt, muss sie abgestellt und strafrechtlich verfolgt werden. Kann es darüber zwei Meinungen geben?

Die Aufregung erstaunt auch deshalb, weil die »Nationale Stelle zur Verhütung von Folter« personell nicht gerade üppig besetzt ist. Sie besteht nur aus vier ehrenamtlichen und drei wissenschaftlichen Mitarbeitern. »Auch wenn es zum gesetzlichen Auftrag der Länderkommission gehört, Alten- und Pflegeheime zu besuchen, kann sie diesen Auftrag aufgrund der fehlenden finanziellen und personellen Ausstattung derzeit faktisch nicht erfüllen. Die Kommission steht in Gesprächen mit dem Justizministerium Hessen über eine Verbesserung ihrer Ausstattung, ein entsprechender Beschluss müsste von der Justizministerkonferenz herbeigeführt werden«, erklärt ein Sprecher der Nationalen Stelle auf unsere Anfrage. Die mächtige Pflegelobby hat also Angst vor dieser Behörde. Wenn es der Abschreckung und der Vermeidung von Folter in Pflegeheimen dient, muss die Zahl ihrer Prüfer deutlich angehoben werden.

5. Alte und wehrlose Menschen müssen besser vor gierigen Kindern und Erben geschützt werden!

Report Mainz berichtete im Sommer 2011 über ein bayerisches Seniorenheim, das wegen unhaltbarer Zustände geschlossen werden sollte. Der Vorwurf lautete: Man habe Bewohner stundenlang in ihren eigenen Exkrementen liegen lassen.
Zunächst dachten wir, dass in diesem Fall die Kontrolle durch die Behörden sehr gut funktioniert habe. Doch dann passierte etwas ganz Merkwürdiges. Es gab Widerstand gegen die Schließung der Einrichtung, vor allem von Angehörigen.
Wir hatten schnell den Verdacht, dass das auch mit den niedrigen Preisen des Heimes zu tun haben könnte. Von außen her betrachtet, machte das Seniorenheim tatsächlich einen hervorragenden Eindruck. Auch Angehörige äußerten sich begeistert: »Wenn ich in dieses Haus komme, dann rieche ich nicht alte Leute, sondern es duftet nach Essen oder nach Kaffee. In der Lobby meint man gerade, man ist in einem Vier-Sterne-Hotel«, sagte zum Beispiel Frau D., deren Mutter dort lebte. Auch Herr K. schätzte im Filmbeitrag die Qualität der Einrichtung und erlaubte Dreharbeiten im Zimmer seiner Mutter, die im dritten Stock wohnte. Im Gespräch stellte sich allerdings heraus, dass die Mutter zu den Bewohnern mit wenig Hilfebedarf gehörte. Sie war rüstig, konnte selbst aufstehen, sich waschen, anziehen und kämmen. Sie war

quasi ein besserer Hotelgast und völlig zufrieden. Auch die Mutter von Frau D. gehörte zu den fitteren Bewohnern.

Eine heile Welt also? Der Medizinische Dienst sah das anders. Fünfmal in dreieinhalb Jahren wurde das Heim kontrolliert. Bei der Prüfung im Juni 2011 wurden zum wiederholten Male gravierende Missstände festgestellt. Aus dem Prüfbericht geht hervor, dass es erhebliche Mängel in der Wundversorgung gegeben habe und dass Bewohner aufgrund der mangelhaften Versorgung bereits zu Schaden gekommen seien. Außerdem wurden der Einrichtung erhebliche Mängel im Umgang mit chronischen Schmerzen, in der Medikamentenversorgung und bei der Ernährung attestiert. Die Einschätzung von Ottilie Randzio vom Medizinischen Dienst Bayern war damals eindeutig. Sie sagte im Interview: »Die Einrichtung muss geschlossen werden, um eben weiteren Schaden, gesundheitlichen Schaden von den Bewohnern abzuwenden.«

Gegen eine schnelle Schließung der Einrichtung aber kämpften der Träger und eine rund 30-köpfige Angehörigen-Initiative, der auch Herr K. und Frau D. angehörten. Und das, obwohl sie auf einer Informationsveranstaltung detailliert über Missstände informiert wurden. »Man hat uns dann dargestellt, seitens einer Dame vom Medizinischen Dienst, dass ein pflegebedürftiger Mensch letztendlich in Fäkalien den ganzen Tag mit einer Verletzung am Gesäß lag und dies letztendlich medizinisch nicht vertretbar wäre, weil das hätte ja sofort zu Infektionen führen dürfen oder können«, sagte Herr K. im Gespräch mit *Report*

Mainz. Warum zeichneten viele Angehörige dennoch ein so positives Bild von diesem Heim?
Das Politikmagazin berichtete weiter, dass es offensichtlich auch ums Geld ging. Dieses Pflegeheim war deutlich günstiger als andere Häuser in der Umgebung. Zwischen 700 und 1000 Euro weniger hätte die Einrichtung monatlich gekostet, bestätigten Angehörige. Kann es also sein, dass Kinder rein aus finanziellen Gründen nicht so genau hinschauen, wenn es um die Qualität der Pflege ihrer Eltern geht? Ist es überhaupt möglich, mit extrem niedrigen Preisen menschenwürdige Pflege zu leisten? Das wollte *Report Mainz* vom Medizinischen Dienst Bayern wissen. »Grundsätzlich kann ich das nicht ausschließen, aber ich kann sagen, in der Einrichtung (…) ist der Beweis geführt, dass es nicht geht, dort nicht«, sagte Ottilie Randzio. Es gebe durchaus Personen, denen es eindeutig nur ums Geld ginge. Das bedeute, sagte sie weiter, »dass Angehörige gelegentlich besonders günstige Heime suchen, um das Erbe zu schonen«.
Wie moralisch tief muss man gesunken sein, wenn das Erbe wichtiger ist als die menschenwürdige Versorgung der Eltern? Wer will ernsthaft für den Verbleib seiner Eltern in einer Einrichtung kämpfen, in der die Prüfer des Medizinischen Dienstes andere Bewohner vor gesundheitlichen Schäden schützen müssen?
Erschütternd ist auch die Debatte um den sogenannten »Oma-Export« ins Ausland, weil Pflege dort angeblich günstiger sei. Bislang kennen wir keine Zahlen darüber, wie viele pflegebedürftige Menschen tatsächlich in Ungarn, Slowenien, Thailand oder anderswo leben.

PFLEGEZUKUNFT

Wie ist es um die Qualität der Versorgung bestellt, wenn die alten Menschen plötzlich ins Krankenhaus müssen, ihre Angehörigen aber in Deutschland leben? Nur in Einzelfällen können wir uns vorstellen, dass pflegebedürftige Menschen im Ausland glücklich und menschenwürdig versorgt werden können. Dann nämlich, wenn sie einen biographischen oder einen persönlichen Bezug zu diesem Land haben, also zum Beispiel jedes Jahr ihren Urlaub dort verbracht haben, die Sprache der Pfleger sprechen oder Verwandte haben, die sich liebevoll um sie kümmern können. Wir würden unsere Eltern nie zur Pflege ins Ausland geben. Ganz allein schon deshalb, weil sie außer Deutsch keine andere Sprache sprechen. Und sie würden das auch nicht wollen. Schon gar nicht aus Kostengründen. Die Idee, Großmutter, Großvater, Mutter oder Vater im Ausland billig unterzubringen, scheint dennoch sehr attraktiv

zu sein, zumindest wenn man die Debatte in den Medien verfolgt. Pflege im Ausland mag zwar günstiger sein als in Deutschland. Aber hier haben wir einen Sozialstaat, um den uns viele Länder beneiden. Denn was die Pflegeversicherung nicht leistet und der Einzelne nicht mehr bezahlen kann, übernimmt am Ende die Sozialhilfe. Darauf gibt es einen Rechtsanspruch. Der Haken daran ist: Bevor der Staat hilft, wird das Vermögen der Bedürftigen aufgebraucht. Eventuell werden auch die Kinder zur Kasse gebeten.
Eine menschenwürdige Versorgung unserer Eltern und Großeltern muss uns das aber wert sein. Wer seine Angehörigen nur des Geldes wegen in Billig-Einrichtungen in Deutschland oder ins Ausland abschiebt und damit in Kauf nimmt, dass sie menschenunwürdig versorgt werden, der handelt kriminell oder begleicht alte Rechnungen. Pflegebedürftige Menschen müssen dann vor ihren eigenen Kindern geschützt werden.

6. Wir fordern kreative und unbürokratische kommunale Lösungen für alte, pflegebedürftige und demente Menschen!

Die Frau, die folgenden Brief geschrieben hat, lebt in einem Heim in einer Gemeinde auf dem Land. Die alte Dame ist jetzt völlig vereinsamt und verzweifelt. Der Hilferuf:

»Das Schlimmste ist, dass kaum einer von denen Deutsch spricht. Sie verstehen einen nicht, wenn man Schmerzen hat, wenn man eine Bitte hat und wenn man einfach nur ein bisschen reden will. Wenn es mir weh tut, wenn ich gewaschen werde und um Nachsicht bitte, heißt die Antwort: ›O. k.‹ Wenn ich nicht will, dass ich auf eine bestimmte Art angefasst werde, lautet die Antwort auch ›o. k.‹. Genauso, wenn ich eine Bitte habe. Die Schwester kennt nur das Wort ›o. k.‹. Aber nichts ist ›o. k.‹ (...) Ich bin unendlich alleine.«

Wie kann es sein, dass eine Frau im Pflegeheim einer kleinen Gemeinde keinen Ansprechpartner hat und plötzlich völlig im Abseits steht? Anscheinend interessiert sich niemand für ihr Schicksal. Wenn wir ernsthaft den Pflegenotstand bekämpfen wollen, werden Gemeinden, Kommunen und deren Bürgermeister mehr Verantwortung für alte Menschen übernehmen müssen.

Warum gibt es keine Ansprechpartner oder Ombudsstellen für solche Fälle in jedem Rathaus? Warum gibt es keine kommunalen Besuchsdienste? Warum bekommt diese alte Frau nicht zum Beispiel einmal in der Woche eine Einladung zum Gemeindenachmittag? Warum gibt es keine regelmäßigen Auftritte des örtlichen Gesangvereins im Pflegeheim? Solche oder andere niederschwellige Angebote von Gemeinden hätten viele Vorteile. Die alte Frau könnte mit jemandem reden, wäre nicht mehr isoliert. Regelmäßiger Besuch von Gemeindemitgliedern sorgt für Leben und Kontakt auch im Heim und führt dazu, dass niemand mehr vereinsamen muss. Wenn Dritte bemerken, dass in der Einrichtung niemand Deutsch spricht und die Heimbewohner sich vernachlässigt fühlen, informieren sie den Bürgermeister und der womöglich die Heimaufsicht oder den Medizinischen Dienst (MDK). So müsste es eigentlich gehen. Ein Pflegeheim ist keine Isolierstation. Pflegebedürftige sind auch nicht ansteckend. Es sind Menschen, mit denen man reden und vielfach auch Spaß haben kann.

Bei der Versorgung von Demenzpatienten müssen die Kommunen künftig stärker in die Pflicht genommen werden. Auch altersverwirrte Personen haben das Recht auf Menschenwürde und zur Teilhabe am Leben in der Gemeinde. Eine interessante und vorbildliche Initiative ist zum Beispiel die »Aktion Demenz e. V.« (www.aktion-demenz.de). Dort heißt es:

»Ohne die Politik aus ihrer diesbezüglichen Verantwortung zu entlassen, ist jedoch festzustellen, dass eine wirkliche Verbesserung der Situation von Menschen mit Demenz nur dann gelingen kann, wenn in den Städten und Gemeinden Formen einer gemeinsamen Verantwortungsübernahme entwickelt und gelebt werden. Die Kommune ist der Ort, an dem Bürgerinnen und Bürger, politische Entscheidungsträger sowie andere vor Ort befindliche gesellschaftliche Akteure ihr Gemeinwesen ein Stück weit neu erfinden müssen. Durch Aufklärungsarbeit, gezielte Aktionen und Veranstaltungen, Austausch zwischen den Generationen und Profes-

sionen, nachbarschaftliche Hilfe und bürgerschaftliches Engagement soll es gelingen, in Deutschland demenzfreundliche Kommunen zu schaffen. »Wie verwandeln wir unsere Dörfer, Städte und Gemeinden in Orte, die ein besseres Leben mit Demenz ermöglichen?«

Der Vorsitzende der »Aktion Demenz«, Prof. Reimer Gronemeyer, weiß, dass das Projekt der »demenzfreundlichen Kommune« eine große Herausforderung ist. Man könne daher, heißt es im Internet, auch keine »allgemeingültige Antwort« auf die Frage geben, wie sie aussehe. Es gehe darum, »zu eigenen kreativen und passgenauen Ideen anzuregen«.
Kommunalisierung halten wir für den erfolgversprechendsten Lösungsansatz, um die Pflegequalität zu verbessern und für das Mega-Thema Demenz. Die Städte und Gemeinden sind gefordert. Ohne deren Einsatz und Verantwortung wird die Versorgung und Entlastung einer alternden Gesellschaft in Zukunft unmöglich sein.
In kleinen lokalen Strukturen werden auch Antworten auf folgende Fragen gefunden werden müssen: Wer pflegt künftig wen? Was passiert mit allein lebenden Demenzkranken in unserer Gesellschaft? Gibt es nur den Weg ins Heim? Oder können kommunale Pflege-WGs oder Mehrgenerationenhäuser eine Alternative sein? Gibt es zusätzliche Entlastungsmöglichkeiten für pflegende Angehörige?
Das Thema Demenz ist nicht nur eine Bedrohung, sondern auch eine Chance für einen Aufbruch in eine

neue Kultur des Helfens. Die Kommunen sind verantwortlich und zuständig für ihre Kinder, Jugendlichen und auch für ihre alten, behinderten und pflegebedürftigen Menschen. Wir brauchen viele Selbsthilfegruppen, soziale Netzwerke, Menschen, die sich kümmern und Patenschaften übernehmen. Im Bereich des Tierschutzes funktioniert das übrigens wunderbar. Als wir den Gnadenhof für alte Tiere auf »Gut Aiderbichl« bei Salzburg besuchten, standen Menschen Schlange, um Patenschaften für alte Tiere zu übernehmen. Warum schaffen wir es nicht, ein solches System auch für pflegebedürftige Menschen einzuführen? Paten, die mit alten Menschen zum Beispiel einmal pro Woche spazieren gehen oder einfach nur zuhören und die Hand halten. Schüler, die Praktika im Heim machen oder einmal die Woche dort helfen. Gemeinden müssen »soziales Denken« vielfach erst noch lernen. Projekte müssen in Kommunen verankert werden – »Leuchttürme«, auf die die Gemeinde stolz ist und mit denen sich die BürgerInnen identifizieren können. Wie schwierig die Umsetzung solcher Projekte im bürokratischen Deutschland ist, zeigt das im rheinland-pfälzischen Alzey geplante Demenzdorf. Hier sollen altersverwirrte Menschen angstfrei leben, ihren Tagesablauf nach ihren Wünschen und Gewohnheiten gestalten können. Für diese innovative Wohnform würden zurzeit passgenaue rechtliche Regelungen fehlen, erzählt uns ein Insider. Das mache eine Umsetzung sehr kompliziert. Von ähnlichen schwer nachvollziehbaren bürokratischen Auflagen hören wir auch von kleinen Wohnprojekten und Wohngemein-

schaften. In jedem Bundesland gelten dafür andere Regelungen. Wir fordern, dass Kommunen finanziell so ausgestattet werden, dass die Daseinsvorsorge alter Menschen auch durch innovative Wohnformen würdig gesichert werden kann. Bei Kindergärten, Kinderkrippen und Ganztagsschulen gibt es doch auch keine Diskussionen darüber, dass sie erforderlich sind und finanziert werden müssen.
Und: Wir müssen endlich auch die Heime öffnen! Pflegebedürftige, behinderte, alte Menschen müssen vollständig integriert werden. Dasselbe gilt für Wohngemeinschaften, Tagespflege- und Kurzzeitpflegeeinrichtungen. Menschen, die in der Gemeinde gelebt, gearbeitet, sich dort z. B. ehrenamtlich bei der Feuerwehr, der Bergwacht, im Sportverein, in der Kirchengemeinde engagiert haben, müssen, wenn sie hilfebedürftig sind, von der Kommune aufgefangen werden. Junge Menschen, die sich heute ehrenamtlich engagieren, müssen die Sicherheit und die Garantie erhalten, dass man sich später, wenn sie selbst auf fremde Hilfe angewiesen sind, um sie kümmert, sie beschützt, sie unter den Schutz der Gemeinde stellt. So gibt es bereits einige Modelle von Seniorengenossenschaften. Dort helfen sich die Menschen gegenseitig und sparen quasi Arbeitsstunden fürs Alter an. Zum Beispiel im baden-württembergischen Riedlingen. Dort, berichtete die *FAZ* im Januar 2013, funktioniere die Hilfe auf Gegenseitigkeit seit mehr als 20 Jahren: »Für 5,90 Euro je Mahlzeit bekommen mehr als 100 Senioren täglich von anderen älteren Menschen ein Mittagsmenü nach Hause geliefert. 8,20 Euro kostet eine Stunde Haus-

haltshilfe oder einfache Pflege, der Helfer bekommt 6,80 Euro ausgezahlt – oder eben auf einem Zeitkonto gutgeschrieben.« Es gebe keine vertragliche Garantie, dass den Helfern das angesparte Guthaben später einmal tatsächlich ausbezahlt werde. Es sei einfach Vertrauenssache. So kann es im Kleinen gehen.

Pflege und Betreuung muss auf viele Schultern verteilt werden. Wenn die Gesellschaft ihrer ethischen Verantwortung nachkommen würde, dann wären die bekannten Missstände in der Pflege nicht oder zumindest nicht in diesem Ausmaße möglich. Hilfebedürftige Menschen, deren Angehörige und engagierte Pflegekräfte verdienen eine maximale gesellschaftliche Wertschätzung, genauso wie die (noch) zu wenigen Ehrenamtlichen, die sich engagieren. In den Gemeinden müssen »die Weichen gestellt werden.« Sofort!

7. Wir fordern Transparenz im »Pflegedschungel«: Die unerträgliche Verflechtung von Politik, Lobbyisten und der Pflegewissenschaft muss endlich offengelegt und beendet werden!

»Frühmorgens um 7.00 Uhr begann für die CDU-Landtagsabgeordnete Julia Klöckner die Arbeit in der Senioren-Residenz Haus Veronika in Reinsfeld. Im Rahmen ihrer Demographie-Sommertour sammelte die Oppositionsführerin im rheinland-pfälzischen Landtag dort

hautnah Erfahrungen in der Pflege. Mit dem Team des Wohnbereiches half die Christdemokratin Bewohnern bei der morgendlichen Körperpflege sowie bei der Vorbereitung des Frühstücks und lernte so ganz persönlich die alltägliche Arbeit der Pflegekräfte kennen. Beeindruckt zeigte sich die Landtagsabgeordnete Julia Klöckner anschließend im direkten Gespräch mit ihren vorübergehenden Kolleginnen und Kollegen der Senioren-Residenz, vor allem aber von der anspruchsvollen Arbeit. Sie habe zudem durchweg zufriedene Bewohnerinnen und Bewohner erlebt, sagte Julia Klöckner mit einem kritischen Hinweis auf die oftmals negative Darstellung der stationären Pflege in den Medien.«

Diesen Text verbreitete der Bundesverband privater Anbieter sozialer Dienste e. V. (bpa), der schon erwähnte Lobbyverband, am 16. 7. 2012. Merkwürdig daran ist, dass eine Spitzenpolitikerin Botschaften verbreitet, die den Interessensvertretern gut ins Konzept passen: durchgehend zufriedene BewohnerInnen und Pflegekräfte, die einer anspruchsvollen Arbeit nachgehen. Mit dieser PR-Aktion stellt die Landes- und Fraktionsvorsitzende der CDU Rheinland-Pfalz, Julia Klöckner, der stationären Pflege quasi einen Persilschein aus. Zumindest wirkt es in der vom bpa veröffentlichten Pressemitteilung so. Denn kritisiert wird nur die »oftmals negative Darstellung der stationären Pflege in den Medien«. Wer den Verband kennt, weiß, dass dessen Spitzenfunktionäre das schon lange tun, wohlwissend, dass in den Häusern nicht alles in Ordnung ist. Deshalb sind solche Praktiken nicht unge-

fährlich. Denn wo können Lobbyisten ihre Botschaften besser und eindrucksvoller präsentieren? Der bpa jedenfalls ist vom Besuch der Politikerin begeistert.

»Zahlreiche Anregungen zur Weiterentwicklung von Qualitätsanforderungen und zur Reduzierung des Dokumentationsaufwandes in der stationären und ambulanten Pflege will die CDU-Fraktionsvorsitzende mit in ihre Arbeit im Mainzer Landtag nehmen. Die praktischen Erfahrungen ihrer Demographie-Sommertour will die Politikerin aus erster Hand in künftige politische Entscheidungen einfließen lassen.«

Träfe das zu, wäre das gelungene Lobbyarbeit. Politiker machen Praktikum in einem offensichtlich gut ausgewählten Heim, erleben dort zufriedene Pflegekräfte, die im Wesentlichen kritisieren, was der Verband politisch durchsetzen will. Und die Politik steigt voll darauf ein, will die praktischen Erfahrungen »in künftige politische Entscheidungen einfließen lassen«. Wie praktisch!

Wir fragen uns, warum die Politik immer wieder auf solche Showveranstaltungen hereinfällt? Glaubwürdig wäre Frau Klöckner dann, wenn sie mehrere Einrichtungen unangemeldet und auch mal in der Nacht besuchen würde. Ob sie dann immer noch ins Schwärmen käme? Wir möchten uns hier aber nicht auf Frau Klöckner einschießen. Andere Politiker machen das genauso. Bundesweit umgarnt die Pflegelobby, auch die Wohlfahrtsverbände gehören dazu, einflussreiche Mandatsträger aller Parteien. Seit Jahren.

Insider erzählen uns immer wieder, wie vor dem Besuch von Politikern tagelang die Pflegeeinrichtungen auf Hochglanz getrimmt werden. Es gebe Urlaubssperren, und es werde darauf geachtet, dass genügend Personal vor Ort sei. Auch gebe es bestes Essen und Trinken. Politiker müssten das Gefühl haben, sie seien in einem Schlaraffenland, in dem zwar einige Menschen Hilfe benötigten, aber im Großen und Ganzen liebevoll um- und versorgt werden. Wir haben noch nie davon gehört, dass im Rahmen einer solchen Inszenierung Politikern gefesselte Menschen, Pflegebedürftige mit schlimmen Druckgeschwüren oder andere Missstände und Auswirkungen des vielfach herrschenden Personalmangels gezeigt wurden. Mit solchen Praktiken holen sich Lobbyisten Politiker quasi mit ins Boot. Direktere und erfolgreichere Lobbyarbeit können Pflegeverbände gar nicht machen.

Schlimm ist nur, und das zeigt sich an den Aussagen der meisten Politiker, dass sie die Zustände (dadurch?) oftmals weitaus weniger gravierend einschätzen, als sie tatsächlich sind.
Übrigens: Die Politiker sollten unbedingt auch einmal bei Gerd Peter vorsprechen. Der Branchen-Insider war bis Ende März 2013 Geschäftsführer der »Münchenstift«, einem kommunalen Träger in der bayerischen Landeshauptstadt. Er kennt die Szenerie seit Jahren und spricht offen über die kritischen Punkte:

»Es gibt viele gute Heime und viele gute Pflegekräfte, die hervorragende Arbeit leisten, aber es gibt auch das Gegenteil, es gibt gravierende Mängel – und ich sage bewusst: auch in guten Einrichtungen –, die sich nicht einfach nur mit einem ›das ist halt mal so‹ beiseitewischen lassen. Teils zu Unrecht, aber in viel zu vielen Fällen zu Recht, diskutiert die Öffentlichkeit seit Jahren unter dem Eindruck
- *schlechter Pflege,*
- *Gewalt in der Pflege,*
- *Vernachlässigung wehrloser, alter Menschen,*
- *Freiheitsberaubung und Verweigerung grundlegender Rechte*

die Themen Transparenz und Qualität in der Pflege. Der Staat reagiert nicht, weil er nicht die Kraft hat, schlechte Einrichtungen zu schließen und weil alte Menschen nur bei engagierten Sozialpolitikern, nicht aber auf der großen Bühne ›Politik‹ ein Thema sind. Heimträger und Lobbyisten behaupten seit Jahren immer wieder: ›Es sind doch bloß Einzelfälle.‹«

Fazit: Wenn Pflegeheimpraktika Politikern einen ehrlichen Einblick in Abläufe und Arbeitsbedingungen einer Einrichtung geben sollen, dann müssen sie unangemeldet stattfinden. Dass Pflegekräfte dieses durchsichtige Spiel mitmachen, erstaunt uns sehr. Denn wenn sie der Politik suggerieren, dass eigentlich alles in Ordnung sei, wird sich an ihren Arbeitsbedingungen wenig ändern. Vielfach wird uns erzählt, dass nach Politikerbesuchen schnell der alte Trott wieder einzieht. Schon oft hatten wir den Eindruck, dass viele Politiker die Pflegewahrheit gar nicht wissen wollten. Nicht, dass vielfach bei alten Menschen doppelt gewindelt wird, weil dann die Pflegekräfte weniger Arbeit haben. Und auch nicht, dass wegen Personalmangels Bewohner ruhiggestellt werden. Die Liste der Defizite ließe sich beliebig lange fortsetzen.

Das hat System. Die Politik lädt Vertreter der Pflegeszene, alibimäßig auch Kritiker, immer wieder zu Anhörungen oder Fachtagungen ein, um über Verbesserungsvorschläge zu diskutieren. Im Anschluss daran werden Wissenschaftler beauftragt, vertiefende Untersuchungen oder Studien anzufertigen. Diese Wissenschaftler leben gut von diesen Aufträgen. Die Ergebnisse lassen zum Teil lange auf sich warten und sind oftmals sehr vorsichtig formuliert.

Manchmal hat man den Eindruck, dass sich kurzfristig gar kein konkreter Handlungsbedarf ergeben soll, schon gar nicht in der aktuellen Legislaturperiode. Bevor ein Modellprojekt beschlossen wird, hat es im Vorfeld schon viele Studien gegeben. Wenn es irgendwann einmal evaluiert ist, wird oftmals um die Frage

gerungen, ob es flächendeckend eingeführt werden kann. Hier kommt dann die Frage der Finanzierung ins Spiel. Und weil das Geld angeblich knapp ist, werden selbst erfolgversprechende Projekte häufig nicht umgesetzt.
Anhand von drei Beispielen wollen wir zeigen, warum wir die Verflechtung von Politik, Lobbyisten und Pflegewissenschaft für problematisch halten. In zentralen Punkten, die für hilfebedürftige Menschen wichtig wären, verbessert sich nämlich fast nichts.

1. Die Untersuchungen zum Thema Sturzprävention dauern schon Jahrzehnte an. Es gibt unzählige Studien und Modellprojekte. Teilweise sogar unterstützt von den Krankenkassen. Wir kennen keine Untersuchung und kein Modellprojekt, welches die »Sturzprävention« nicht als positiv und qualitätssteigernd vor allem für pflegebedürftige Menschen eingestuft hätte. Obwohl jeder weiß, dass Sturzprävention den Kassen sogar viel Geld spart, wird sie nicht überall umgesetzt. Das ist absurd und grausam, denn die Zahl der zu vermeidenden Oberschenkelhalsbrüche ist hoch.
2. Auch die unendlichen Debatten um den Pflegebedürftigkeitsbegriff passen in dieses Raster. Es gibt, da sind wir uns ziemlich sicher, niemanden, der sagt, er müsse nicht umgesetzt werden. Jeder weiß, dass die Pflege neue Strukturen braucht. Es liegen bereits mehrere brauchbare Vorschläge für einen neuen Pflegebedürftigkeitsbegriff in den Schubladen. Dennoch wird er seit vielen Jahren

ständig neu erfunden oder modifiziert. Seit 2012 soll es wieder einmal ein neuer Beirat richten, der sich aus Vertreterinnen und Vertretern der maßgeblichen Verbände und Organisationen im Bereich der Pflege, der Länder, des Bundes sowie der Wissenschaft zusammensetzt. Den Vorsitz teilen sich Wolfgang Zöller (CSU), Patientenbeauftragter der Bundesregierung, und Klaus-Dieter Voß, ehemaliger Vorstand des GKV-Spitzenverbandes. Der neu formierte Beirat soll die Arbeit des alten Beirates, der seine Gutachten 2009 vorgelegt hat, fortsetzen. Es soll also dieses Mal nicht wieder von ganz vorne losgehen. Aber natürlich wird es noch dauern.

3. Auch zum Thema alternative Wohnformen, wie Wohngemeinschaften, Tagespflegen und Mehrgenerationenhäuser, wurde bundesweit intensiv geforscht. In vielen Untersuchungen werden solche Projekte als vorbildhaft charakterisiert. Warum gibt es sie nicht längst flächendeckend, bedarfsgerecht und bezahlbar in jeder Kommune?

Fazit: Pflege-Lobbyisten haben einen großen Einfluss auf Politiker. Die Beteiligten kennen sich und ihre Argumente gut. Sie sitzen ständig auf Tagungen und Kongressen zusammen. Mit dabei ist auch die Pflegewissenschaft. Alle zusammen wollen die Qualität der Pflege verbessern – ganz ehrlich. Dazu produzieren sie tonnenweise Papiere und Protokolle. Es sind Textbausteine. Die sind seit Jahren alle bekannt und austauschbar. Umgesetzt werden sie aber deshalb nicht, weil Pflege offenbar nicht mehr kosten darf. Diese

Wahrheit muss endlich offen und ehrlich ausgesprochen werden.

8. Systematische Dokumentenfälschungen und Pflegebetrug müssen streng bestraft werden!

In der Pflege gibt es viele Klischees und Feindbilder. Hauptgegner der Pflegebranche zum Beispiel ist der Medizinische Dienst (MDK). Wenn wir bei Vorträgen vor Pflegekräften den MDK erwähnen, wird die Debatte immer emotional. Vor allem dann, wenn der Medizinische Dienst die Pflegebranche auf Selbstverständlichkeiten aufmerksam macht. Ottilie Randzio vom MDK Bayern forderte vor einigen Jahren die Pflegekräfte beim »Pflegestammtisch« in München zu mehr Ehrlichkeit auf. »Dokumentiert nur, was ihr leisten könnt«, sagte sie. Nur so sei es möglich, die strukturellen Defizite in der Pflege schwarz auf weiß darzustellen. Die bisherige Praxis ist unserer Meinung nach dazu geeignet, Missstände zu kaschieren. Selbst die damalige Präsidentin des Berufsverbandes für Pflegeberufe, Gudrun Gille, räumt im »Tagesspiegel« im November 2010 ein, dass selbst Schüler in der Altenpflegeausbildung lernen, »mehr zu dokumentieren, als tatsächlich getan wird«. Das bestätigt auch Manuela-Maria Müller in ihrem Vortrag vor dem Bayerischen Landtag:

»Dokumentationsfälschungen, zu denen die Auszubildenden gezwungen werden, um dem MDK zu gefallen, sind an der Tagesordnung, und wenn sie es selber nicht tun, dann wird für sie abgezeichnet. (...) Ein In-den-Pulli-Schlupfen ist dann bereits eine Bewegungsübung zur Kontrakturenprophylaxe.«

Werden Altenpflegeschüler in der Ausbildung angewiesen, kriminell zu sein? Falsche Dokumentation erfüllt für uns den Tatbestand der Urkundenfälschung. Paragraph 267 Strafgesetzbuch sieht dafür Geld- oder Freiheitsstrafen bis zu fünf Jahren vor. In besonders schweren Fällen drohen bis zu zehn Jahre Gefängnis. Es handelt sich hier also um kein Kavaliersdelikt. Mittlerweile haben das auch viele Pflegekräfte verstanden. Von nun an, schreiben uns sensibilisierte Berliner Schwestern, wollen sie nur noch dokumentieren, was sie tatsächlich als Pflegeleistung erbracht haben. Es gebe da nur ein Problem, die Vergangenheit:

»Wird dadurch aber nicht transparent, dass die bisherige Dokumentation gefälscht wurde? Wie rechtfertigen wir das Dokumentieren vorher?«

Dieses Beispiel zeigt, dass viele Pflegekräfte beim Fälschen der Pflegedokumentation ein schlechtes Gewissen haben. Es ist eine Bankrotterklärung und ein Offenbarungseid für die Pflegekultur insgesamt. Der strafrechtliche Druck auf Träger und Pflegepersonal muss so hoch werden, dass sich niemand mehr traut, Urkunden zu fälschen. Die systematische Verschleierung schlechter und unzureichender Pflege muss endlich unterbunden werden.

9. Wir fordern die Abschaffung des Pflege-TÜV: Das bisherige System der »MDK-Bestnoten« ist Augenwischerei!

Die Idee war ja eigentlich gut und schon längst überfällig: Transparenz für Pflegeheime, die Veröffentlichung von MDK-Prüfberichten – damit Heimplatzsuchende endlich gute von schlechten Pflegeheimen unterscheiden können. Doch die Politik, die mächtigen Pflegefunktionäre und Lobbygruppen machten aus der Idee eine Wissenschaft. Aus Eigeninteresse. Die damalige Gesundheitsministerin Ulla Schmidt (SPD) wollte Erfolge vorweisen, genauso wie die Pflegekassen und der Medizinische Dienst des Spitzenverbandes Bund der Krankenkassen, kurz MDS. Die Heimträger-Lobby vertrat professionell die Interessen auch der schlechten Heime. So gut wie nichts zu sagen hatten alte, pflegebedürftige Menschen und Heimplatzsuchende. Es war eigentlich wie immer in der Pflege. Und das Ergebnis war, wie nicht anders zu erwarten, eigentlich auch wie immer.
Das Ganze nennt sich Kompromiss in 82 Kriterien. Da kann schon einmal eine nicht sachgerechte Medikamentenversorgung durch Schulungen in Erster Hilfe ausgeglichen werden. Das ist, wie wenn ein Schüler eine Fünf in Mathematik mit einer Eins in Reli-

gion ausgleichen darf. Und so geschah das Wunder. Auch schlechte Heime haben plötzlich gute und befriedigende Noten. Und alle Funktionäre waren zufrieden. Vor allem schlechte Heime können mit den entwickelten Kriterien gut leben. Man muss sich das so vorstellen: Diejenigen, die nach den Pflege-TÜV-Kriterien geprüft werden, haben sie auch mit entwickelt. Das ist ungefähr so, wie wenn Schüler die Fragen für ihre Klausuren selbst bestimmen können. Damit aber sind Kollateralschäden wie zum Beispiel im Saarland vorprogrammiert. Eine Einrichtung wurde 2009 mit »befriedigend« bewertet, obwohl laut Medizinischem Dienst, Heimaufsicht und Pflegekassen die Schließung betrieben und eine Gefährdung der Bewohner nachzuweisen war. Wie groß wäre der Aufschrei, wenn der TÜV ein Auto ohne Bremsen zertifizieren und der Fahrer bei der ersten Fahrt danach zwei Kinder überfahren würde? Was wäre, wenn ein katastrophales Tierheim so bewertet würde? Der Aufschrei der Tierschützer wäre riesengroß. Die Verantwortlichen würden an den Pranger gestellt, die Tiere, begleitet von einem gewaltigen Medienecho, in andere lebenswürdige Unterkünfte verlegt. Nicht so in der Altenpflege. Eine Einrichtung, in der menschenunwürdige Zustände herrschen, bekommt die Note Drei. Kaum zu glauben. Wie wollen Pflegekassen solche Einrichtungen schließen, wenn im Zeugnis »befriedigend« steht? Und dann gilt auch noch: Sollte einmal eine Einrichtung schlecht geprüft werden, kann sie, wie schon oft geschehen, dagegen Rechtsmittel einlegen. Eine Armee von Anwälten verdient gut daran. Und auch die Beraterbranche boomt. Sie helfen Problemeinrichtungen beim Aufhübschen der Noten. Dabei geht es aber nicht darum, die Pflegequalität nachhaltig zu steigern, sondern nur um eine verbesserte Führung der Pflegedokumentation. Mit dem Slogan, »wie Sie sich ein ›sehr gut‹ bei der MDK-Prüfung für ihre Pflege-Dokumentation sichern«, wandern »Berater« durch die Pflegeheime und verdienen gut damit. Im Ergebnis ist heute jede Einrichtung selbst schuld, wenn sie keine »Eins« hat. Das bestätigen sogar Heiminsider wie Gerd Peter. Als er noch Geschäftsführer des kommunalen Münchenstifts war, forderte er in einem Vortrag schon die Abschaffung der Pflegenoten:

»Letztlich soll doch nur ein quasi amtliches Gütesiegel erworben werden, damit man der aufgebrachten Öffentlichkeit sagen kann: ›Schaut her, die Situation ist

doch ganz gut.‹ Aber das ist jetzt ja gar nicht mehr wichtig, denn über Nacht schießen die Heime mit der Gesamtnote 1 wie Pilze aus dem Boden. Man muss sich das mal vorstellen: Die Note 1 ist hervorragend, eigentlich nicht mehr steigerungsfähig. Politik, Interessenvertreter der Heimträger und Kostenträger haben der Sache einen Bärendienst erwiesen: Wir sind nicht über mehr Transparenz auf dem Weg zu mehr Qualität, sondern die Altenpflege hat plötzlich kein Problem mehr. Sie braucht nicht mehr Personal, sondern sie ist in der Lage, mit dem vorhandenen Personal alles abzudecken. Die Altenpflege braucht demnach auch nicht mehr Geld, weil sie mit dem vorhandenen hervorragende Arbeit leistet. Die Kostenträger werden sich freuen! Wie schlecht müssen eigentlich die Heime gewesen sein, die jetzt die Noten ausreichend und schlechter erhalten? Die MÜNCHENSTIFT leistet sicher gute Arbeit. Trotzdem wäre ich nicht so vermessen zu behaupten, wir sind hervorragend, das können wir bei den Anforderungen und einer ›Rund-um-die-Uhr‹-Betreuung schwerst pflegebedürftiger und schwerstkranker alter Menschen gar nicht leisten! Die Transparenzvereinbarung ist eine Täuschung – andere würden sagen ein Betrug – am Verbraucher. Und das Schlimme ist: Die Verursacher des Prüfsystems wussten, was sie anrichten! Die guten Noten sind die politisch gewollte Ruhigstellung und das Leugnen der Probleme einer zentralen Branche in unserer Gesellschaft! Es ist eine Schande, auf diese Art und Weise auf dem Rücken wehrloser alter Menschen weiter Politik zu machen.«

Armin Rieger ist derselben Meinung. Auch er hält den Pflege-TÜV für »legalisierten Betrug«. Der Augsburger Heimleiter kann die Pflege-Noten nicht mehr ernst nehmen. Zunächst hat er seine Noten durch Seminare und einen Dokumentationsfachmann nach oben frisiert. Bei einer Prüfung des Medizinischen Dienstes bekam er daraufhin tatsächlich die Traumnote 1,0. »Völlig zu Unrecht«, wie er sagt. Auch in seinem Heim gebe es selbstverständlich Mängel, weil der Personalschlüssel, welcher in ganz Bayern gleich ist, eine gute Pflege unmöglich mache. Deshalb sei auch die 1,0 nicht gerechtfertigt. Ihn ärgert, dass auch schlechte Heime mit dieser Methode das Prüfsystem austricksen können und »damit verzweifelte Angehörige bei der Heimplatzsuche täuschen«. Fast alle Einrichtungen werben inzwischen mit ihren tollen Noten. Um das System zu demaskieren, wollte Armin Rieger eine schlechte Note provozieren. Er wählte eine ganz brutale Vorgehensweise. Als die Prüfer des Medizinischen Dienstes sein Heim aufsuchten, verweigerte er ihnen die Herausgabe eines Ordners mit Dokumenten. Darin hätten so bedeutende Dinge gestanden, wie zum Beispiel die Essenszeiten. Armin Rieger bekam tatsächlich eine 3,6. Damit hat er jetzt auch schwarz auf weiß eine schlechte Note, was ihm aber völlig egal sei. In Augsburg habe sein Haus einen sehr guten Ruf und eine lange Warteliste. Wie absurd das alles ist!

Mit den Pflegenoten hat die Politik versucht, die Qualität der Heime aufzuhübschen. Der Bevölkerung wurde eine Pseudo-Sicherheit bei der Heimauswahl vorgegaukelt, die es gar nicht gibt. Pflegeheimplatzsuchende können sich nicht auf die Pflegenoten verlassen. Wir hatten die Systematik, die zu den Beurteilungen führt, schon 2009 bemängelt, als noch keine einzige Pflegenote auf dem Markt war. Gestützt hatten wir uns dabei vor allem auf die völlig korrekte Argumentation des Medizinischen Dienstes Rheinland-Pfalz, der u. a. in Berichten von *Report Mainz* früh Alarm geschlagen hatte. Doch die Warnungen der Insider blieben ungehört. Die Politik hätte 2009 noch die Chance gehabt, ohne größere Blessuren diese Art der Notengebung zu verhindern. Langsam kapieren die Menschen, dass sie mit den Pflegenoten betrogen werden und diese nicht das Papier wert sind, auf dem sie stehen. Die tollen Zensuren werden den Heimträgern auf die Füße fallen, wenn sie die Qualität in ihren Einrichtungen nicht dramatisch verbessern. Die Politik muss langsam erkennen, dass nur mit deutlich mehr Personal und einem kompletten Umdenken eine akzeptable Pflegequalität möglich ist. Nur gute Noten reichen nicht. Wir fordern, den teuren Pflege-TÜV ersatzlos abzuschaffen, weil sich die Pflegequalität von Station zu Station und von Schicht zu Schicht in jeder Einrichtung unterscheidet. Eine Gesamtnote für ein Heim ist schon allein deshalb absurd, weil es in vielen Häusern eine hohe Personalfluktuation gibt und sich die Zustände teilweise im Monatsrhythmus ändern. Der Pflege-TÜV ist ein wertloses Arbeitsbeschaffungsprogramm für die Pflegebranche und schadet bedürftigen Menschen und ihren Angehörigen mehr, als er nutzt.

Ausblick

Wir können uns menschenwürdige Pflege leisten. Wir müssen sie nur wollen. Ein Streitgespräch zwischen zwei großen Pflege-Chefs

Ende Februar 2013 trafen sich wieder einmal alle Beteiligten der Pflegeszene. Dieses Mal an einem besonders schönen Ort – im Senatssaal des Bayerischen Landtags. Die Lobbyisten der Freien Wohlfahrtspflege und die Gewerkschaft ver.di forderten wieder einmal bessere Rahmenbedingungen für die Pflege. Sie wollten vor allem mehr Geld. Und alle kamen, um sich das Wehklagen anzuhören: die bayerische Sozialministerin, Landespolitiker aller Parteien, Vertreter der Kostenträger und sogar Pflegekräfte. Das Motto der Veranstaltung: Die Pflege in Bayern sei absolut an der Kante.

Ist das tatsächlich so? Oder gibt es in der Pflegebranche große Ineffizienzen? Ist im System wirklich zu wenig Geld? Oder kommt es wegen struktureller Defizite nur nicht bei den Pflegebedürftigen an? Am Rande dieser Veranstaltung haben wir zwei hochrangigen Pflege-Managern dieselben sechs Fragen gestellt und die Antworten unkommentiert gegenübergestellt. Wir sprachen mit dem Landesgeschäftsführer des Bayerischen Roten Kreuzes (BRK), Leonhard Stärk, und mit dem Geschäftsführer der kommunalen Münchenstift GmbH, Gerd Peter, der rund einen Monat nach dem Interview in Ruhestand ging. Das BRK versorgt fast 11 000 Pflegebedürftige in Bayern, bei der Münchenstift sind es 3500.

Frage: Sie sagen, menschenwürdige Pflege sei unter den gegebenen Rahmenbedingungen nicht mehr möglich. Warum?

Stärk: Unter den heute geltenden Rahmenbedingungen, vor allem unter dem geltenden Pflegepersonalschlüssel und unter dem aktuellen, veralteten Pflegebedürftigkeitsbegriff, können unsere Mitarbeiterinnen und Mitarbeiter nicht mehr fehlerfrei pflegen. Es bleibt einfach keine Zeit mehr für Zuwendung, für ein Gespräch, für Biographiearbeit, ja es bleibt noch nicht einmal Zeit für die dringend erforderlichen pflegerischen Grundleistungen und die Erfüllung menschlicher Grundbedürfnisse. Gerade heute hat mich eine Angehörige angerufen und den Fall geschildert, dass ihrer 69-jährigen, halbseitig gelähmten Mutter der Toilettengang für fast eine Stunde verwehrt wurde, weil die einzige Kraft auf der Etage noch 24 anderen Bewohnern das Mittagessen ausgeben müsse. Meine Recherche hat ergeben: Der Personalschlüssel ist formell sogar leicht übererfüllt, eine Kollegin ist kurzzeitig erkrankt, und deshalb musste eine Kraft eine ganze Station alleine versorgen. Das betreffende Haus hat sich also an die Vorgaben gehalten, faktisch war aber nicht genügend Personal verfügbar. Das meine ich mit den Rahmenbedingungen.

Peter: Alle Träger müssen mit dem gleichen Pflegepersonalschlüssel für die allgemeine Pflege auskom-

men. Offenbar gibt es aber dennoch Unterschiede, denn eine Reihe von Trägern schafft es, regelmäßig bei Pflegequalitätsprüfungen besser zu sein als der Landesdurchschnitt.

Warum schaffen es einige Träger, mit den vorhandenen Finanzmitteln menschenwürdige Pflege anbieten zu können, und andere scheitern? Warum gibt es hier in den Aussagen und Antworten große Unterschiede?
Stärk: Diese Frage kann ich nicht beantworten, ohne die Berechnungen derjenigen Träger zu kennen, die behaupten, mit den verfügbaren Mitteln auszukommen und dabei auch offenbar noch Millionen-Überschüsse zu machen. Womöglich werden solche Träger von ihren Eigentümern von der Pflicht zur Bildung einer Investitionsrücklage befreit oder ersparen sich anderweitige Kosten, was letztlich zu Lasten der Zukunftsfähigkeit geht.
Peter: Wer will, kann. Und das Wollen beginnt immer an der Spitze!
Diese Träger betreiben außerdem eine kaufmännisch solide Geschäftspolitik.
Stärk: Ich kann vor allen Dingen die Annahme in Ihrer Frage nicht bestätigen, dass mit weniger Mitteln eine wirklich menschenwürdige Pflege möglich ist.
Peter: Doch, dafür gibt es auch eine Reihe von Gründen. Diese Träger bilden schon seit Jahren ihre Nachwuchsfachkräfte selbst aus. Sie nutzen umgehend alle gesetzlichen Verbesserungspotenziale und setzen diese konsequent um. Dazu zählt die Segregation der Pflegeversorgung durch neue Konzepte für

die gerontopsychiatrische Versorgung alter Menschen mit Demenz. Zum Beispiel Hausgemeinschaften, Pflegeoasen, offene und beschützende Wohnbereiche, Spezialangebote für Menschen mit Multiple Sklerose, Wachkoma oder neurologischen Krankheitsbildern mit wesentlich höheren Pflegepersonalschlüsseln und einer höheren Fachkraftquote. Auch muss der Betreuungsassistenzschlüssel konsequent umgesetzt und Bewohner müssen konsequent eingestuft werden. Einen Qualitätsvorsprung kann man sich durch konsequente Qualitätssicherung und durch die Entwicklung vorausschauender Szenarien erarbeiten, die bei Bedarf aus der Schublade geholt werden. Das sind zum Beispiel innovative Dienstpläne, dass Strukturen und Prozesse permanent auf den Prüfstand gestellt werden. Außerdem müssen Träger Mut zur Veränderung zeigen und innovative Konzepte wagen, wie zum Beispiel eingestreute Tages- und Kurzzeitpflege.

Für wie wichtig halten Sie mehr Transparenz in Bezug auf die Frage, inwieweit Träger oder Wohlfahrtsverbände offenlegen sollten, was sie an Geld einnehmen und wofür sie es ausgeben?

Stärk: Ich halte Transparenz für äußerst wichtig, sie ist geradezu zwingend erforderlich, um aufzurütteln.

Peter: Nein, sie ist wichtig, um berechenbar zu sein und damit alle wissen, mit wem sie es zu tun haben. Offenlegen, was eingenommen wird, wofür es ausgegeben wird und was mit dem passiert, das übrig bleibt. In der Pflege wird viel Geld verdient, auch von denen, die gute Arbeit leisten und hohe Qualität bie-

ten! In guten Einrichtungen gehen Überschüsse zum größten Teil in Rücklagen und mehr Qualität.

Warum bietet das Bayerische Rote Kreuz Pflege in ihren Einrichtungen an, wenn »demotivierte« Führungskräfte (Bayerische Sozialnachrichten 5/2012) ***und Mitarbeiter am Werke sind und Menschenwürde kaum noch zu gewährleisten ist?***

Stärk: Das Bayerische Rote Kreuz betreibt in seinen 73 Kreisverbänden, in zwei Bezirksverbänden und in einer Trägergesellschaft insgesamt 124 stationäre Pflegeeinrichtungen. Wir versorgen fast 11 000 pflegebedürftige Menschen in unseren Einrichtungen und beschäftigen fast 7000 Mitarbeiter. Wir sind ein Teil dieses Systems. Wir machen das aus Überzeugung, weil wir im Angebot von pflegerischen Leistungen einen verbindlichen Auftrag als Teil der nationalen Rotkreuzgesellschaft sehen, ebenso wie den Rettungsdienst oder die Katastrophenhilfe. Die Entwicklung der letzten zehn Jahre hat jedoch gezeigt, dass sich die Anforderungen an unsere Einrichtungen immer mehr gesteigert haben, z. B. durch eine starke Erhöhung des durchschnittlichen Eintrittsalters, einer steigenden Anzahl an multimorbiden Bewohnern und insbesondere durch die starke Zunahme an demenziell erkrankten Bewohnern. Parallel war niemand bereit, dafür auch die Verantwortung zu übernehmen und die Leistungen anzupassen: weder die Kassen noch die Bezirke und schon gar nicht die Politik.

Peter: Das ist einfach falsch! Zum Beispiel gab es die Einführung der Betreuungsassistenten, die die Pflege-

kassen zu 100 Prozent bezahlen, die Einführung des Zuschlags für Härtefälle mit Verbesserung des Pflegepersonalschlüssels, Entgelte für das Ehrenamt und der entstehenden Kosten, Abrechnung der besonders hohen Behandlungspflege in vollstationären Einrichtungen über die Krankenkassen! Dazu braucht der Träger aber auch innovative Konzepte, zum Beispiel gesonderte Versorgungsverträge bei Multiple-Sklerose- und Wachkomapatienten.
Stärk: Wir haben es aber auch selbst nicht in allen unseren Einrichtungen geschafft, das richtige Personal einzustellen und die Führungsmannschaft so vorzubereiten, dass es diesen veränderten Anforderungen wirklich auch gewachsen ist. Wir haben es teilweise versäumt, uns selbst, unsere eigenen Abläufe und unsere Arbeitsprozesse auf die verschärften Bedingungen einzustellen. Deshalb wäre ich ganz persönlich heute dankbar, nicht in dieser Verantwortung für 11 000 Pflegeplätze zu stehen.
Peter: Dann wäre Aufhören die richtige Konsequenz!
Stärk: Wir arbeiten nun aber lieber an einer nachhaltigen Verbesserung der Situation, also an der Sicherung menschenwürdiger Pflege, als am Ausstieg aus der Altenpflege.

Warum sagt das Bayerische Rote Kreuz nicht einfach, wir können nicht mehr pflegen, weil eine gute Versorgung bei den gegebenen Rahmenbedingungen nicht finanzierbar ist?
Stärk: Wir haben eine enorme gesellschaftliche Verantwortung und können auch dann, wenn die Rah-

menbedingungen schwerer werden, nicht einfach alles hinwerfen! Wie gesagt: Wir kämpfen lieber für menschenwürdige Pflege, für angemessene Personalausstattung, für kostendeckende Pflegesätze und verschwenden keine Zeit auf die Vorbereitung unseres Ausstiegs.

Wie beurteilen Sie die Kritik der bayerischen Sozialministerin an Ihnen, dass sie Pflegesätze nicht richtig verhandeln würden?

Stärk: Diese Kritik weisen wir zurück. Wir Trägerverbände sitzen mit den Kostenträgern nicht auf Augenhöhe am Verhandlungstisch. Vielleicht hat Frau Haderthauer das noch nicht erlebt. Für eine gute Verhandlung brauchen Sie neben einer vernünftigen Vorbereitung auch ein Potenzial an Druckmitteln. Das haben wir Verbände nicht, auch ein relativ großer Verband wie das BRK, wenn auf Einrichtungsebene verhandelt wird. Pflegesatzverhandlungen laufen – von positiven Ausnahmen einmal abgesehen – nicht unter gleichberechtigten Partnern ab. Vielmehr erinnern diese Verhandlungen in der Regel an sozial motiviertes Betteln auf hohem Niveau. Wir erwarten von der Ministerin ja nicht, dass sie für uns Verbände verhandelt. Wir erwarten, dass sie unsere Sorgen ernst nimmt und mit den Kostenträgern mal ein ernstes Wort redet. Dafür haben wir Gremien und jede Menge öffentlicher und vertraulicher Gelegenheiten.

Peter: Nein, Augenhöhe ist gegeben, wenn der Träger sein Zahlenwerk kennt, bereit ist, die Kosten offenzulegen und, wenn nötig, die Schiedsstelle anruft oder

vor das Sozialgericht zieht. Das geht allerdings nur mit aussagefähigem Zahlenmaterial. Man muss sich nur an die Basics halten.
Vielen Dank.

Zwei Pflege-Chefs. Ein Sachverhalt. Grundverschiedene Einschätzungen. Wir haben in den vergangenen Jahren viele Pflegekongresse und Diskussionen besucht. Egal welcher Funktionär mehr Geld für das System forderte, er bekam tosenden Beifall und die Sympathie seiner Zuhörer. Aber von welchem System reden wir? Vom Gesundheitssystem? Vom Pflegesystem? Reden wir von den Wohlfahrtsverbänden oder allen Heimträgern? Da wird oftmals vieles durcheinandergebracht. Unserer Meinung nach müssen diejenigen, die nach mehr Geld rufen, ihre Geschäftszahlen offenlegen und detailliert begründen, wofür sie mehr Geld brauchen. Die Bilanzen der Wohlfahrtsverbände sind derzeit noch besser vor Einblick geschützt als Konten durch das Schweizer Bankgeheimnis. Die Pflegebranche muss belegen, dass sie, um es in einer Metapher auszudrücken, »nicht über hohe Energiekosten klagt, gleichzeitig aber bei offenem Fenster heizt«. Dass das Bayerische Rote Kreuz jetzt hier Transparenz für wichtig hält, ist neu und könnte das System tatsächlich durchschaubarer machen. Sollte mehr Geld erforderlich sein, muss die Politik sicherstellen, dass es auch dort ankommt, wo es gebraucht wird – nämlich bei den bedürftigen Menschen und den Gehältern der Pflegekräfte. In den Wohl-

fahrtsverbänden auf Bundes- und Landesebene »sitzen« ja zahlreiche PolitikerInnen. Sie kennen die Zahlen und das Finanzierungssystem. Sie wissen Bescheid. Ein ehemaliger Ministerpräsident sagte einmal in einem vertraulichen Hintergrundgespräch, er wisse, dass genug Geld da sei.
Warum aber macht die Politik dann dieses Spiel mit? Warum lassen sich Politiker öffentlich kritisieren, es sei nicht genug Geld da? Wir haben den Eindruck, dass viele Lobbyisten und Politiker die Debatte um die Verbesserungen in der Altenpflege als Spiel betrachten und langjährig eingeübte Antwortphrasen reflexartig bei Bedarf absondern. Auch bei den Kostenträgern mischen Parteipolitiker an entscheidenden Stellen mit. Es ist aber kein Spiel. Es geht um die Würde und die Versorgung pflegebedürftiger Menschen in ihrer letzten Lebensphase. Wir fordern daher: Weniger Geld in das intransparente Pflegesystem, dafür mehr Geld gezielt in den flächendeckenden Ausbau der häuslichen Pflege, der ambulanten geriatrischen Rehabilitation, für Fortbildung, Schulung der Pflegekräfte und für Ärzte der verschiedenen therapeutischen Professionen. Wir fordern ein Anreizsystem für gut geführte Häuser und positive Modellprojekte (best practice), die es hierzulande bereits gibt. Die Ideen können sofort kopiert und übernommen werden. Gut geführte Pflegeheime sollen mehr Geld bekommen – schlechte müssen vom Markt. Was passiert, wenn man einfach nur so Milliarden in ein marodes und intransparentes System pumpt, zeigt das Beispiel Griechenland. Dort haben wir den Verdacht,

dass einfach so weitergewirtschaftet wird wie bisher, nur eben mit fremdem Geld. Und das wollen doch alle nicht in der Pflege. Wir können uns menschenwürdige Pflege leisten, wir müssen sie nur wollen.

Fazit

Wir sind empört darüber, dass wir 2013 für alte und pflegebedürftige Menschen 20 Grundrechte definieren müssen. Rechte, die beim näheren Hinsehen nur Selbstverständlichkeiten sind. Jahrelang haben wir in unzähligen Berichten, Dokumentationen, Diskussionen, Interviews und in Talkshows auf gravierende Menschenrechtsverletzungen in der Altenhilfe hingewiesen. Trotzdem ist es Politik und Pflegefunktionären nicht gelungen, Mindeststandards verpflichtend einzuführen. Sie konnten sich, obwohl sie jahrelang darüber debattiert hatten, nur auf unverbindliche Empfehlungen wie die »Charta der Rechte hilfe- und pflegebedürftiger Menschen« einigen. Sind Pflegeheime also rechtsfreie Räume? Gelten die Grund- und Menschenrechte für alte Menschen also nur eingeschränkt? Wir halten solche Papiere, an die sich niemand zwingend halten muss, für einen Verstoß gegen die Verfassung. Der Staat hat eine Schutzpflicht gerade gegenüber den Schwächsten: den alten Menschen. Wie in anderen Fällen auch, müsste das Bundesverfassungsgericht daher der Politik verbindliche Vorgaben machen, welche Grundrechte und Mindeststandards es für erforderlich hält. Viele pflegebedürftige Menschen warten auf die Hilfe der Richter, damit der Staat seiner Schutzfunktion gegenüber allen alten- und pflegebedürftigen Menschen endlich nachkommt. Wir trauen der Politik, die nur noch in Legislaturperioden denkt, nicht zu, dieses Grundproblem unserer Gesellschaft seriös und nachhaltig zu lösen. Die bisherige Pflegegesetzgebung ist Stückwerk und wenig zukunftsorientiert. Es kann doch nicht sein, dass wir nach einer jahrzehntelangen Pflegediskussion immer noch täglich unzählige Schreiben, E-Mails und Anrufe von Angehörigen oder anderer Insider bekommen, die sich über Misshandlungen schutzbedürftiger Menschen beklagen. Wann wird es endlich eine Verfassungsbeschwerde geben?

Wir empören uns darüber, dass die Politik der Gesellschaft vorgaukelt, mit den getätigten Mini-Reförmchen der vergangenen Jahre habe sich Entscheidendes bewegt. Solange Mindeststandards für die Pflege nicht definiert sind und solange auch nicht klar ist, wie in Zukunft mit Demenzpatienten umgegangen werden soll, kann es keine profunde Pflegepolitik geben. Man kann nicht einfach Milliardenbeträge in die Pflege stecken, ohne zu wissen, was am Ende dabei rauskommen soll. Dieses Vorgehen erinnert an verzweifelte Aktionen der Politik bei der Bankenrettung. Nur: hier geht es um die Würde und um das Leben alter Menschen. Warum drückt sich die Politik vor der Verantwortung?

Wir empören uns auch darüber, dass viele Pflegeanbieter das Problem immer noch kleinreden. Kurz vor Abschluss unserer Recherchen sind wir auf folgende Pressemitteilung des Diözesan-Caritasverbandes Regensburg vom April 2012 gestoßen:

»Klar ist: Schwarze Schafe gibt es leider immer wieder! Aber ist deshalb die gesamte Branche zu verteufeln? Glaubt man der veröffentlichten Meinung, so haben wir es in der Pflege nur noch mit Missständen und Skandalen zu tun. Die Caritas Regensburg wehrt sich dagegen. Es hilft keinem, ständig auf die Mitarbeiterinnen und Mitarbeiter in Pflegeeinrichtungen zu hauen. Die Frage sei erlaubt: Wer möchte schon einen Beruf ergreifen, der in der Öffentlichkeit nur diskreditiert wird? Und soweit wir wissen, haben wir Mangel an Pflegekräften!«

Mit so einer unkritischen Einstellung wird sich gar nichts ändern. Wenn einige Träger ihre Nachwuchskräfte nicht tarifgerecht bezahlen und sie Arbeitsbedingungen aussetzen, die krank machen, dann ist die Krise hausgemacht. Jeder, der es wissen will, kann sich doch vor Ort selbst ein Bild machen. In den Heimen leben unsere Eltern, Großeltern – unsere Angehörigen! Warum decken viele Heimbetreiber schlechte Heime? Warum werden die Funktionäre der Heimbetreiber, Kostenträger und Politiker nicht endlich ehrlich und ungeschönt mit der Pflegerealität konfrontiert? Jeder Bestatter oder Notarzt kann Ihnen sagen, welchem Heim er seine Eltern anvertrauen würde und welchem nicht. Wir befinden uns in einer Phase, wo ein Umdenken nur noch durch radikale Schritte zu erreichen ist. Die Defizite in der Alten- und Krankenpflege, die Arbeitsbedingungen, der Personalmangel sind längst bekannt und werden seit Jahren öffentlich kritisiert. Die Anzahl der wissenschaftlichen Studien und

Gutachtenberge sind unüberschaubar. Viele Menschen sind in Heimen und Krankenhäusern tätig und tragen dort die Verantwortung! Alle wissen Bescheid.

Wir empören uns darüber, dass viele Pflegeheimbetreiber mit ihren Bestnoten werben können, dennoch aber teilweise schlechte und gefährliche Pflege anbieten. Weil eine Note Fünf in »Medikamentenversorgung« durch »einen schönen Garten« wieder ausgeglichen werden kann, bezeichnen wir den Pflege-TÜV als pure Verbrauchertäuschung. Die hohen Kosten dafür halten wir für Geldverschwendung. Diese finanziellen Ressourcen müssten effektiver genutzt werden.

Wir empören uns darüber, dass die Rufe der Pflege-Lobby nach immer mehr Geld oftmals immer noch auf fruchtbaren Boden stoßen. Wer seine Bilanzen und Zahlen nicht veröffentlichen will, der kann nicht immer höhere Leistungen fordern. Erst wenn die Heimträger und Pflegedienste zu voller Transparenz bereit sind, sollte die Politik darüber diskutieren, ob wirklich mehr Geld nötig ist. Wenn ja, dann muss aber auch gewährleistet werden, dass das Geld bei den Bedürftigen ankommt und nicht in intransparenten Verwaltungsstrukturen versickert.

Wir sind empört darüber, dass eine Vielzahl von Heimträgern immer wieder behaupten kann, sie würden bei Pflegesatzverhandlungen über den Tisch gezogen, weil sie mit den Kostenträgern nicht auf

Augenhöhe verhandeln könnten. Auf Seminaren und Kongressen kommt immer wieder das Thema »Pflegesatzverhandlungen« auf den Tisch. Dort referieren Wirtschaftsfachleute ganz anders. So heißt es zum Beispiel in einer Kongressankündigung aus dem Jahr 2012: »Pflegesatzverhandlungen nach den aktuellen BSG- (Anm. d. Autoren: Bundessozialgerichts-)Urteilen: So sichern Sie sich auf Dauer eine gute Rendite«. Wir wundern uns: Ist sogar noch eine Rendite möglich? Könnte es also vielleicht an der mangelnden Qualifikation der Heim-Bosse liegen, dass sie sich gegenüber den Kostenträgern nicht durchsetzen können? Oder steckt eine ganz andere Strategie dahinter? Auf Kongressen werden immer wieder dieselben Themen mit denselben Feindbildern und Akteuren angeboten. Die Branche boomt. Die Kongressindustrie lebt davon, dass sich kaum etwas ändert.

Wir empören uns darüber, dass es offensichtlich ein bedenkliches Abhängigkeitsverhältnis von Pflegewissenschaft und Politik gibt. Mit umstrittenen Vorschlägen versuchen Professoren (lukrative?) Aufträge an Land zu ziehen. So berichtete die *Ärzte-Zeitung* im März 2012 über eine Idee von Pflegewissenschaftlern: Deutschland brauche eine ganzheitliche Strategie für die Pflege, die auch Regierungswechsel überdauere. Das habe der Direktor des Instituts für Public Health und Pflegeforschung der Universität Bremen, Professor Stefan Görres, beim Pflegetag der DAK (Deutsche Angestellten-Krankenkasse) in Berlin gefordert. Um eine solche Strategie sowie Konzepte zu deren Umsetzung zu entwickeln, soll nach dem Willen von Görres ein Sachverständigenrat für Pflege eingerichtet werden, berichtete die *Ärzte-Zeitung*. Gegen ein weiteres beratendes Gremium habe sich dagegen der Vorstandsvorsitzende der DAK-Gesundheit, Professor Herbert Rebscher, ausgesprochen. Eine große Strategie, die Legislaturperioden überdauere und von einem parteiunabhängigen Sachverständigenrat vorbereitet und begleitet werde, scheitere an der Funktionsweise der Politik. In der *Ärzte-Zeitung* warnte er davor, dass die Politik gerne solche Expertengremien einsetze, um unbequeme Themen »intelligent zu verschieben«. Als Beispiel habe er die erneute Einsetzung des Expertenrates zur Ausgestaltung eines neuen Pflegebedürftigkeitsbegriffes genannt, der erst kurz vor Ende der Legislaturperiode Ergebnisse vorstellen wolle. »Es ist doch kein Zeitplan, welcher der Thematik geschuldet ist, sondern ein Zeitplan, um die Legislaturperiode zu überstehen, ohne über den Pflegebegriff reden zu müssen«, kritisierte Rebscher in der *Ärzte-Zeitung*. Herbert Rebschers Meinung deckt sich mit unserer. Pflegewissenschaftler haben eine große Verantwortung. Sie dürfen das Versagen der Politik nicht auch noch wissenschaftlich legitimieren. Verantwortungsvolle Pflegewissenschaft muss, um Druck auf die Politik zu machen, auch einmal Auftragsstudien öffentlich ablehnen. Denn wir haben kein Erkenntnis-, sondern ein Umsetzungsproblem.

Wir sind empört und entsetzt darüber, dass sich nicht längst alle Pflegekräfte und alle in sozialen Berufen tätigen Menschen, wie Hebammen, KinderpflegerInnen, ErzieherInnen, Lehrkräfte, SozialpädagogInnen, Kranken- und Altenpflegekräfte, Rettungssanitäter sowie Ärzte und Ärztinnen solidarisieren, ihrer gemeinsamen Verantwortung gerecht werden und öffentlich demonstrieren. In der Bevölkerung gibt es niemanden, der die bekannten und berechtigten Forderungen nicht unterstützen würde. Warum schweigen sie? Warum konfrontieren sie nicht endlich offen und ehrlich die Verantwortlichen mit der Pflege- und Lebensrealität? Warum lassen Pflegekräfte die ihnen anvertrauten, hilflosen und besonders schutzbedürftigen Menschen im Stich? Warum distanzieren sich Pflegekräfte nicht von Mobbing im Kollegenkreis? Warum empören sie sich über die Berichterstattung in den Medien, wo kritische und mutige KollegInnen in der Regel die Informanten sind? Warum betrachten Pflegekräfte den Medizinischen Dienst und die Heimaufsicht als Gegner und nicht als Chance zur Verbesserung ihrer Arbeitsbedingungen? Fast alle MDK-Kontrolleure sind Pflegefachkräfte. Warum verbünden sich Pflegekräfte nicht mit den Angehörigen? Auf welcher Seite stehen sie eigentlich? Nur eine konzertierte Aktion und ein gemeinsamer Protest würde den Druck auf Politik, Träger und Gesellschaft steigern.

Wir sind empört darüber, dass viele Pflegekräfte aus Angst vor dem Verlust des Arbeitsplatzes schweigen. Jede gute Fachkraft kann sich doch den Arbeitsplatz inzwischen aussuchen. Wir hören sogar von Kopfprämien, die in Großstädten bezahlt werden. In der

Pflege gibt es die krisensichersten Arbeitsplätze in Deutschland. Wenn alle Pflegekräfte bei einem schlechten Arbeitgeber kündigen würden, müsste das Heim geschlossen oder die Arbeitsbedingungen und die Personalsituation verbessert werden. Wenn sich Pflegekräfte solidarisieren würden, hätten sie ein Machtpotenzial, das Pflegebosse, Lobbyisten und die Politik massiv unter Druck setzen könnte.

Uns empört, dass immer mehr Pflegekräfte inzwischen erklären, dass sie systematisch Dokumente fälschen. Nach uns gegenüber geäußerten Aussagen schreiben viele Mitarbeiter in der Pflege Leistungen auf, die gar nicht erbracht werden konnten. Sie betrügen sich selbst. Sie schaden ihren Arbeitsbedingungen, weil sie damit signalisieren, dass alles machbar ist. Sie gaukeln ihren Arbeitgebern und auch der Politik ein falsches Bild der Zustände in der Altenpflege vor. Am schwersten aber wiegt der Betrug an den ihnen anvertrauten alten Menschen, die darunter leiden müssen. Und niemand schämt sich dafür.

Es ist empörend, dass Pflegekräfte wenig Zeit für Bewohner und Patienten haben, weil ihnen zu viele Dokumentationspflichten aufgebürdet werden. In der Zeitschrift *Altenheim* (9/2012) schreibt der Geschäftsführer der Haus Edelberg Dienstleistungsgesellschaft in Karlsruhe, Michael Wipp: »Selbst Angehörige äußern sich dahingehend, dass Mitarbeiter bald mehr schreiben, als bei den Bewohnern zu sein.« Als Kronzeugen zitiert er Herrn Erling von der Münchener Heimaufsicht. Er habe gesagt, dass Pflegeplanungen über zig Seiten hinweg wohl niemand lese – außer den Aufsichtsbehörden. Die Lobby der Bürokratie sei riesig, »weil damit Unsummen verdient werden«, sagte Wipp im selben Artikel weiter. Wir meinen, dass Dokumentation wichtig und richtig ist. Sie darf aber eine menschenwürdige Versorgung niemals beeinträchtigen. Im Sinne der alten Menschen brauchen wir hier eine schlanke Bürokratie.

Wir empören uns darüber, dass Pflegekräfte nicht massenhaft Überlastungs- und Gefährdungsanzeigen schreiben, wenn sie ihre Arbeit aus Zeitmangel nicht menschenwürdig erledigen können. Wir könnten uns vorstellen, dass engagierte Heimleitungen diese Pflegekräfte sogar unterstützen würden. Würden diese Überlastungsanzeigen bei den Pflegesatzverhandlungen vorgelegt, und die Kostenträger müssten auf der Station den verzweifelten alten Menschen erklären, warum sie ausgerechnet an ihrer Versorgung sparen müssen, könnte sich vielleicht sogar etwas verbessern. Ein Blick in die Augen von alten und vernachlässigten Menschen müsste selbst die Vertreter der Kostenträger überzeugen.

Uns empört, dass das Thema Altenpflege noch immer nicht zur Schicksalsfrage der Nation erklärt wurde. Warum ist es noch immer nicht zentrales Thema in allen Wahlprogrammen? Warum gibt es keinen nationalen Aktionsplan zur Bekämpfung der Missstände? Warum werden Demenzpatienten immer noch gegenüber pflegebedürftigen Menschen mit körperlichen Gebrechen benachteiligt? Warum werden die Kommunen finanziell nicht so gut ausgestattet, dass sie seriös Verantwortung auch für alte und pflegebedürftige Menschen übernehmen und innovative Wohn- und Betreuungsformen flächendeckend umsetzen können? Warum wird der Grundsatz »ambulant vor stationär« stiefmütterlich behandelt? Warum gibt es zu wenig Prävention und Rehabilitation? Warum werden die schlechten Einrichtungen nicht sofort geschlossen und die gut geführten mehr unterstützt? Warum werden Ärzte nicht stärker in die Verantwortung genommen?

Wir empören uns darüber, dass sich die Kirchen beim Thema »Pflege« sehr zurückhalten und im Wesentlichen zu den vielen Missständen schweigen. Wir glauben, dass sich die katholische Kirche eher vom Zölibat verabschiedet, als dass sie die »Pflege« zu ihrem Hauptanliegen macht. Solange gute Pflege in diesem System bestraft wird und man an den Folgen schlechter Pflege sehr viel Geld verdienen kann, so lange wird sich an den Missständen kaum etwas ändern können.

Uns empört auch, dass der Datenschutz mittlerweile sogar die Heimkontrollen des Medizinischen Dienstes erschwert. Nach Abschluss unserer Recherchen erreichte uns dieses Schreiben eines hochrangigen Mitarbeiters des MDK und die Frage: Wen schützt der Datenschutz?

»Das Pflege-Neuausrichtungsgesetz (PNG) brachte eine Änderung bei der Einholung der Einwilligung von Pflegebedürftigen in die Qualitätsprüfungen nach §§ 114 ff SGB XI mit sich. Auf der Grundlage der bisherigen Gesetzeslage war es bei nicht einwilligungsfähigen Bewohnern ausreichend, wenn die gesetzlichen Vertreter oder Betreuer fernmündlich ihre Einwilligung gaben und diese Einwilligung durch den Prüfer im Beisein eines Mitarbeiters der Pflegeeinrichtung dokumentiert wurde. Die aktuelle Anforderung des Gesetzes (§ 114 a Abs. 3 a SGB XI) gibt jedoch vor, dass bei jedem in die Prüfung einbezogenen Bewohner eine vorherige Zustimmung, und zwar immer in ›Textform‹, eingeholt werden muss. Manche Datenschützer interpretieren dies sogar dahingehend, dass eine mündliche Erklärung von zwar einwilligungsfähigen, aber sehr gebrechlichen Bewohnern (z. B. Lähmung beider Hände) die Vorgabe der ›Textform‹ nicht erfüllt. Keinerlei Erwähnung finden in diesem Verfahren Menschen mit Demenz, die ja aller Erfahrung nach sehr wohl ihren Willen äußern können. Sie können mit verbalen Äußerungen, aber auch mittels Gestik, Mimik und Verhalten ihre Zustimmung oder Ablehnung signalisieren (Verfahren des ›ongoing consent‹). Auf der anderen Seite hat der Gesetzgeber das elfte Kapitel SGB XI bewusst ›Qualitätssicherung – Sonstige Regelungen zum Schutz der Pflegebedürftigen‹ genannt. Bei den unangemeldeten Prüfungen in den Pflegeeinrichtungen sollen alle Bewohner in die Befragung und Inaugenscheinnahme (inklusive der damit zusammenhängenden Erhebung, Verarbeitung und Nutzung personenbezogener Daten)

einbezogen werden können; insbesondere auch die mit körperlichen oder geistigen Einschränkungen. Würden diese Menschen aufgrund nicht rechtzeitig vorgelegter Einwilligung von der Prüfung ausgeschlossen, kann der MDK seinem Prüfauftrag nicht gerecht werden und diese Schutzfunktion nicht ausüben.«

Dem ist nichts mehr hinzuzufügen. Im Klartext heißt das: Die Prüfungen des Medizinischen Dienstes könnten möglicherweise nicht mehr aussagefähig sein. Müssten Menschen von der Prüfung ausgeschlossen werden, nur weil die Einwilligung nicht rechtzeitig schriftlich eingeholt werden konnte, könnten die Kontrolleure des Medizinischen Dienstes im schlimmsten Fall misshandelte Bewohner nicht mehr schützen. Dieses Problem muss im Sinne pflegebedürftiger Menschen gelöst werden. Sofort! Und das ginge ganz einfach. Alle Angehörigen und gesetzlichen Betreuer hinterlegen eine schriftliche Einverständniserklärung zur Begutachtung durch den Medizinischen Dienst in der Pflegedokumentation.

Wir sind empört darüber, dass die Heimträger oftmals von einer fast 100-prozentigen Zufriedenheit ihrer Bewohner sprechen und mit diesem Nordkorea-Ergebnis um Kunden werben. Uns haben alte Menschen und deren Angehörige schon oft erzählt, dass sie sich bei der Befragung durch den Medizinischen Dienst oder durch Mitarbeiter der Pflegeheime so unter Druck gesetzt fühlen, dass eine andere Antwort als eine volle Zufriedenheit kaum möglich sei. Wir halten diese hohen Zufriedenheitswerte für eine Verhöhnung der Opfer, weil dieselben Träger gleichzeitig betonen, dass das Personal keine Zeit für Zuwendung habe, Fachpersonal fehle und überhaupt zu wenig Geld im System vorhanden sei. Käme die Bundesbahn vielleicht auf die Idee, die Gäste in einem verspäteten ICE mit defekten Toiletten oder Klimaanlagen nach ihrer Zufriedenheit zu fragen? »Es ist genug! Auch alte Menschen haben Rechte.«

Ein kabarettistisch-ernster Zwischenruf von Dieter Hildebrandt

Er ist 1927 geboren und älter als viele Menschen, über die wir in diesem Buch sprechen. Der Kabarettist Dieter Hildebrandt hat viele pflegebedürftige Menschen jahrzehntelang zum Nachdenken und Lachen gebracht. Dass er bis heute selbständig ist und täglich arbeiten kann, hat er zu einem großen Teil seinen zwei Hunden zu verdanken. Mit den Vierbeinern geht er regelmäßig spazieren. Sie sind Teil der Familie. Die Tiere zwingen ihn zu einem täglichen Fitnessprogramm und halten den Senior jung. Hildebrandt engagiert sich aber auch für alte Menschen, denen es nicht mehr so gutgeht wie ihm selbst. Jahrelang war er Schirmherr des Münchener Pflegestammtisches. Mit uns hat er im Interview zu den Themen Menschenrechte, Folter und Tod gesprochen. Zunächst aber standen die Hunde im Mittelpunkt.

Frage: Herr Hildebrandt. Sie haben Hunde. Was sind die selbstverständlichen Grundrechte, die Sie ihnen gewähren?

Hildebrandt: Ich habe ihnen von Anfang an gesagt, dass sie keine Pfötchen geben müssen. Ich habe ihnen von Anfang an gesagt, dass ihr Hunderecht sich eigentlich von den normalen Menschenrechten gar nicht unterscheidet. Sie sind berechtigt, am Leben zu sein, und das mit dem Lebensstandard, der angemessen ist, der mir, der ich sie halte, angemessen ist. Es gibt Menschen, die werden gehalten, in einem Standard, der ihnen und dem Halter nicht angemessen ist. Also, wenn man das so vergleicht mit meinen Rechten: Ich kriege eigentlich auch, also symbolisch gesehen, einen Fressnapf hingesetzt und bin berechtigt zu saufen. Ich darf die Luft atmen, aber es geht schon los. Jetzt ist das Wasser privatisiert worden, und da habe ich immer das Gefühl, es kauft mir jemand den Fluss ab, an dem ich mein Haus habe. Und dann gehört das Wasser nicht mehr mir, sondern es fließt mit Genehmigung vorbei. Das heißt, es kann mir also auch jemand, wie man so sagt, das Wasser abgraben. Und da werde ich dann langsam etwas misstrauisch, weil das auch ein Menschenrecht ist. Der Fluss, der Wald, das gehört alles mir mit, und nicht alleine. Ich will kein Stück davon haben, ich will nur das Recht haben, damit zu leben. Das sehe ich als Menschenrecht an, und das gehört sich auch für meine Hunde.

Vorhin haben Sie uns erzählt, dass Sie mit Ihrem Hund dreimal am Tag spazieren, Gassi gehen.
Richtig.

Das ist ein sehr wichtiges Grundrecht. Jetzt sind Sie beruflich sehr eingespannt. Wäre es für Sie vorstellbar, dass, wenn Sie mal keine Zeit haben, Sie Ihren Hund anbinden oder ruhigstellen, ihm Medikamente geben?
Meine Hunde sind ganz anders erzogen. Wenn die ein Medikament im Futter riechen, dann verweigern die

INSIDER-HUMOR

das Futter. Die sind gar nicht so leicht zu händeln. Meine Hunde sind im Widerstand geboren. Und die sind nicht ruhigzustellen, überhaupt nicht. Ich übrigens auch nicht, das verbindet mich mit meinen Hunden. Ich bin auch ein bisschen aufmüpfig und lasse mir keine Tabletten geben. Ich bin schon alt genug. Vielleicht kommt das noch an mich heran, man weiß es nicht. Auf jeden Fall gehe ich dreimal täglich mit dem Hund, weil er das Recht hat, andere Hunde zu treffen, auch nach draußen. Weil Hunde müssen andere Hunde riechen, und die müssen auch da an die gelben Stellen, wo die Hunde immer ihr Bein heben. Das müssen die haben, weil das der Briefverkehr ist, den sie miteinander haben.

Sie sind weit über 80 Jahre alt. Glauben Sie, dass Ihnen das Thema Pflegebedürftigkeit erspart bleiben wird?
Gerade ging es noch ganz gut. Aber ich bin immer

misstrauisch. Ich habe Schmerzen im linken Arm. Hab ich mich angestoßen oder ist das der Anstoß für irgendetwas, das schlummert? Meine Vermutung ist, dass ich so leicht nicht umzubringen bin. Aber wenn, dann nur mit einem Schlag. Mit einem Schlag ist man dann pflegebedürftig. Und das weiß ich, das kann in einer Minute mein Leben völlig verändern. Ich habe nicht vorgesorgt, weil ich mir nämlich gedacht habe, wenn, dann rafft es mich vielleicht hin, weil ich bin für absolute Lösungen. Es war wie im Krieg auch. Da saß man in einem Loch, und dann hat mein gegenüber sitzender Kamerad mich verängstigt gefragt, was denn sei, wenn wir von den Granaten, die so kamen, getroffen werden. Weißt du, sagte ich, wenn, dann erwischt uns ein Volltreffer. Und dann sind wir es los – das Leben. Und daraufhin wurde er ruhiger. Man muss nur auch ein paar Lösungen bereithalten für schreckliche Fälle. Wenn es mir aber mal passieren sollte, dass ich in Pflege komme, dann kann es sein, dass man gar nicht mehr weiß, dass man die Pflege braucht. Dann kann ich nur sagen, dann passiert es. Dann habe ich dagegen kein Mittel und keine Lösung. Ich kann solche Fragen nicht beantworten. Es gibt viele Leute, die sagen, da antwortet dann der liebe Gott. Das ist bei mir auch so ein Problembereich.

Der Ansatz unseres Buches ist, dass wir 20 Grundrechte für alte und pflegebedürftige Menschen definieren. Warum ist das jetzt erforderlich?

Weil es Menschen gibt, die verpflichtet sind, diese Grundrechte auszuüben. Selbst wenn es die, die es tref-

fen sollte, nicht mehr wissen. Wenn die Gesetze nicht da sind, dann kann man sie auch nicht übertreten. Gesetze sind dafür da, um unser Miteinander-Leben in Bahnen zu lenken und zu bringen. Und gewisse Gesetzmäßigkeiten sind nötig, weil wir ja sonst der Willkür praktisch ausgeliefert sind. Dann kann ja jeder mit uns machen, was er will. Deshalb ist es gut, dass es endlich Grundrechte für pflegebedürftige Menschen gibt.

Jetzt dachten wir zunächst, dass unser Buch völlig überflüssig sein könnte. Das Grundrecht auf Toilettengänge, das Grundrecht auf frische Luft haben wir als Selbstverständlichkeiten eingestuft.

Ich bin immer schon für Gebote gewesen. Die sind auch da, um den Mord zu verhindern. Man kann ja Menschen ermorden, dadurch dass man sie einfach in ihren Rechten übergeht. Man kann sie ja sterben lassen, ohne dass es jemand merkt, wenn es keine Gebote dafür gibt, wenn man nicht bestraft werden kann dafür, dass man sie missachtet. Und deswegen müssen sie sein.

Ältere Frauen werden von Männern im Intimbereich gewaschen. Frauen, die im Krieg schlimme Dinge erlebt haben, werden von russischen Pflegern versorgt. In jedem Flughafen, vor dem Eintritt ins Stadion achtet man darauf, dass Menschen geschlechtsspezifisch kontrolliert werden. Wie empfinden Sie es, wenn alte Frauen in Pflegeheimen folterähnlich gedemütigt werden?

Das verursacht mir Alpträume. Das ist eine Geschich-

te, über die ich immer wieder nachdenke. Das verachte ich. Wer dieses Gefühl nicht hat – wer dann noch Pfleger sein sollte, der sollte es dann nicht sein. Es sollte überhaupt vielleicht mal klar sein, dass jemand an seinem Körper ab einer gewissen Zeit keine Freude mehr hat und ihn verhüllt. Was ich durchaus einsehe, weil ich das auch schon tue. Und ich weiß genau: Wer mich enthüllt, dem vertraue ich oder dem haue ich eine runter.

Möchten Sie im Pflegeheim einmal in einem Doppelzimmer mit einem fremden Mann liegen, der neben Ihnen seine Notdurft verrichtet? Gleichzeitig aber sollen Sie essen.

Grauenhaft. Natürlich ist das Folter. Das ist seelische Folter. Das ist das Übelste, was man einem Menschen antun kann, der praktisch hilflos ist. Hilflosigkeit zu negieren, das ist Folter. Es ist unmenschlich.

Eine unserer wichtigsten Forderungen für pflegebedürftige Menschen ist das Grundrecht auf Palliativmedizin und eine menschenwürdige Sterbebegleitung. Wie würden Sie sich wünschen, einmal zu gehen?

Mir geht es wahrscheinlich ganz gut. Meine Frau ist neun Jahre jünger, und sie wird sich um mich kümmern. Ich habe Kinder, ich habe Enkelkinder. Denen geht es auch nicht schlecht. Warum? Weil es mir ganz gutgeht. Also für mein Hinscheiden ist eigentlich gesorgt. Und für die Pflege auch.

Braucht die Politik eine übergeordnete Instanz, zum Beispiel das Bundesverfassungsgericht, das den Entscheidern Vorgaben macht, welche Mindeststandards für alte und pflegebedürftige Menschen gelten müssen?
Ich glaube, es braucht sogar ein Ministerium dafür. Ich glaube, dass es einen Minister geben sollte, der gesetzlich, von seinem Eid her, verpflichtet ist, sich um das Wohl der alten Menschen zu kümmern.

Aber da haben wir doch ein Ministerium – oder?
Ja, aber das heißt, glaube ich, anders. Das Verfassungsgericht ist ganz notwendig. Manchmal ist es sogar so, dass ich glaube, die Regierungstätigkeit kommt nur vom Verfassungsgericht.

Die »Nationale Stelle zur Verhütung von Folter« soll jetzt auch Pflegeheime kontrollieren. Was halten Sie davon?
Das ist doch ein Fortschritt. Man muss überprüfen, was dort passiert. Das ist nichts anderes als Folter. Das ist so, wie wenn ich meinen Hund festbinde und sage, du darfst jetzt nicht pinkeln. Ich muss jetzt einkaufen gehen. Das kann doch nicht sein.

Was glauben Sie, muss passieren, dass in Heimen eine angstfreie Atmosphäre herrscht, in der nicht mehr gefoltert wird. Was muss sich da verbessern?
Wenn nur einer ausschert und die Missstände öffentlich macht, ist schon mal ein wenig angestoßen. Dann kommt vielleicht ein Zweiter, kommt ein Dritter, ein Vierter. Vielleicht gibt es sogar einen Streik. Das ist

durchaus möglich. Aber das ist die einzige Möglichkeit, aus dieser Kette rauszukommen. Sonst sehe ich keine. Denn wer soll die Courage aufbringen? Die, die daran verdienen, werden doch nicht die Courage haben.
Es heißt immer, die Leute empören sich, wenn man ihnen sagt, man muss sich empören. Aber genau das müssen wir tun. Wir können einfach nicht zusehen, wie wir unsere älteren Leute einfach so sterben lassen, wie wir es selber nicht wollen.

Käme für Sie Sterbehilfe wie in der Schweiz in Frage?
Warum nicht, natürlich! Wenn es nötig wäre. Ich hoffe es wird nicht nötig sein. Ich hoffe, dass ich in Frieden, so wie das in Filmen passiert, aufgebettet werde. Und meine Sippe steht herum und verlangt einen letzten Satz von mir. Den denke ich mir jetzt schon aus. Aber ich glaube, der Film läuft anders. Es wäre ein schöner UFA-Film gewesen. Und davon habe ich wahnsinnig viele gesehen. Menschen in völliger Harmonie, mit dem Leben, mit dem Tod, sich selbst vorbereitet habend, nicht direkt über einen Glauben, sondern über den Geist, den sie noch haben, wach, aber irgendwie am Herzen krankend, und dann ist es »aus«, und sie haben kurz vorher noch gesagt: »Morgen ist auch noch ein Tag.«

Wie sehen Sie die Verantwortung der Kirchen?
Ich habe manchmal das Gefühl, sie haben ihre Position vergessen. Man kann einer Kirche nicht die Frage stellen: Seid ihr ganz von Gott verlassen? Aber es

ist manchmal so, dass ich das Gefühl habe, dass sie es sind!

Immer wieder bekommen wir verzweifelte Schreiben von Pflegekräften, dass wieder einmal nur zwei Nachtwachen für 130 pflegebedürftige Menschen da sind, auch bei kirchlichen Trägern.

Es ist Geld da. Aber es wird für angeblich wichtigere Dinge verwendet. Und man behauptet gleichzeitig, es wäre nicht möglich, die Pflege alter Menschen zu bezahlen, ihr Alter zu bezahlen. Das ist eine unglaubliche Schamlosigkeit. Wer sich da christlich nennt, sollte sich wirklich einmal erinnern an das, was er gelernt hat, als er fünf, sechs Jahre alt war. (...) Es ist der größte Skandal nach Gründung dieser Republik.

Wenn Ihr Hund irgendwann mal sterben sollte, wie begleiten Sie ihn auf seinem letzten Weg?

Wir haben dieses Szenario besprochen, ganz genau. Wir werden um ihn herum sein. Unsere Tierärztin wird kommen, zu uns hierher. Meine Frau und ich werden ihn in die Mitte nehmen, und es werden die, die ihn immer genommen haben, auch Freunde von uns, die werden kommen. Wir werden also zu fünft praktisch so etwas wie eine Trauerfeier halten. Und es wird uns sehr schlechtgehen in diesem Moment.

Möchten Sie so auch mal gehen?

Ich weiß nicht. Ich bin als Patient ein wenig störrisch. Ich möchte eigentlich nicht zu viele Menschen um mich herum haben. Ich möchte auch nicht nach einer

Operation, dass das ganze Krankenzimmer voller Menschen ist, die mir Blumen auf die Bettdecke schütten. Ich möchte die Menschen, die ich liebe, um mich haben. Die sollen bei mir sein. Nicht alle. Ich hoffe aber, dass es mehr sind als zwei. Aber meine Frau soll dabei sein.

Dank

»Es ist genug! Auch alte Menschen haben Rechte« hätte ohne die Hilfe vieler couragierter Informanten, vor allem Pflegekräfte und Angehörige, aber auch mutiger Behördenvertreter, nicht geschrieben werden können. Allen gilt unser Dank für ihre Mitarbeit. Danken möchten wir auch der Redaktionsleiterin von *Report Mainz*, Birgitta Weber, und dem Chefredakteur des SWR, Fritz Frey. Sie haben das Thema schon vor Jahren erkannt und die vielen Recherchen dazu immer unterstützt. Ebenso bedanken wir uns bei Achim Reinhardt, der an seinem Geburtstag das Manuskript gegengelesen hat, Frank Bräutigam für seine wertvollen Tipps, Martina Schröter für Presserecherchen sowie der gesamten *Report Mainz*-Redaktion. Wir danken Thomas Plassmann für die bissigen Karikaturen. Ohne die Unterstützung der Mitarbeiter der Vereinigung Integrationsförderung e. V. hätten viele der im Buch beschriebenen Missstände nicht aufgedeckt werden können. Besonders hervorheben möchten wir Patricia Dubler, Inge Hoffmann, Rudolf Seidl und alle MitarbeiterInnen der Vereinigung Integrationsförderung e. V. in München. Ebenfalls gilt unser Dank dem Verlag Droemer Knaur, insbesondere Michael Schönberger, für die engagierte und professionelle Betreuung des Titels. Bedanken möchten wir uns auch bei unseren Eltern. Florian und Jonas Fussek drohen uns seit geraumer Zeit mit einem Doppelzimmer in einem Pflegeheim. Und: Last but not least vor allem Ute Krause-Fussek und Christina Schober, ohne deren stets verlässliche und langjährige Unterstützung das Buch nicht realisiert hätte werden können.